# WAS IST DEEP PHILOSOPHY?

Philosophie aus unserer inneren Tiefe

Loyev Books

# WAS IST DEEP PHILOSOPHY?

## Philosophie aus unserer inneren Tiefe

von

## Ran Lahav

**Übersetzt aus dem Englischen von Karin Fechner**

(vor-läufige Übersetzung Hans Heide)

Loyev Books

Hardwick, Vermont, USA

https://dphilo.org/loyev-books

Englischer Originaltitel: What is Deep Philosophy?
 (Loyev Books, 2021)
Aus dem Englischen von Karin Fechner
 (vor-läufige Übersetzung Hans Heide)
Text Copyright @ 2024 von Ran Lahav
Alle Rechte vorbehalten
Umschlaggestaltung @ 2024 Ran Lahav


ISBN-13: 978-1-947515-25-3


Loyev Books
1165 Hopkins Hill Rd., Hardwick, Vermont 05843, USA
https://dphilo.org/loyev-books

1.71(Ing)




Die Übersetzerin **Karin Fechner** ist eine deutsche Künstlerin und Designerin (Master in Textil–Design) und lebt und arbeitet in Italien und Deutschland. Sie ist im kreativen Umfeld sowie auch im Bereich der Philosophie und deren Relevanz für das Leben tätig. Sie hat bereits das Buch *Kontemplation mit Philosophen der Antike* von Ran Lahav ins Deutsche übersetzt. (Loyev Books, 2023). Sie gehört zur Gruppe Deep Philosophy.

# INHALTSVERZEICHNIS

| | |
|---|---|
| Vorwort | vii |
| | |
| Teil A: ERSTE BEGEGNUNG MIT DEEP PHILOSOPHY | 1 |
| Kapitel 1: Einblicke in Deep Philosophy | 3 |
| Kapitel 2: Momente des kontemplativen Denkens | 18 |
| Kapitel 3: Betrachtungen zur Bedeutung von Deep Philosophy | 27 |
| Kapitel 4: Erlebnishaftes Verstehen | 39 |
| Kapitel 5: Reflektionen über erweiterte Horizonte | 49 |
| | |
| Teil B: DIE WURZELN VON DEEP PHILOSOPHY | 58 |
| Kapitel 6: Die Gruppe Deep Philosophy | 60 |
| Kapitel 7: Historische Wurzeln | 73 |
| | |
| Teil C: DIE GRUNDPFEILER VON DEEP PHILOSOPHY | 86 |
| Kapitel 8: Verzeichnis über die sieben Grundpfeiler | 87 |
| Kapitel 9: Betrachtungen zu den sieben Grundpfeilern | 95 |
| | |
| Teil D: PRAXIS VON DEEP PHILOSOPHY | 125 |
| Kapitel 10: Rahmenbedingungen | 126 |
| Kapitel 11: Methoden | 135 |
| Kapitel 12: Nach der Sitzung | 155 |

# *VORWORT*

*Deep Philosophy bedeutet, Philosophie aus unserer inneren Tiefe zu praktizieren. Es handelt sich um eine philosophisch-kontemplative Suche, dem sich eine internationale Gruppe von Personen widmet – die Gruppe Deep Philosophy. Beim kontemplativen Betrachten grundlegender Fragen des Lebens suchen wir danach, eine Beziehung zu den Wurzeln der menschlichen Wirklichkeit herzustellen. Indem wir dies aus unserer inneren Tiefe heraus betreiben, verleihen wir unseren Empfänglichkeiten und unserem tiefen Sehnen Ausdruck. Durch kontemplatives Betrachten von Texten der Geschichte der Philosophie nehmen wir Teil an der üppigen Symphonie der Stimmen der Menschheit, wie sie sich über Jahrhunderte hinweg ausgedrückt haben. Beim kontemplativen in-uns-gehen, zusammen mit unseren Weggefährten (togetherness), überschreiten wir, die Grenzen unserer individuellen Sichtweise und haben teil an umfassenderen Möglichkeiten der Menschheit.*

*Deep Philosophy ist ein Produkt meiner persönlichen, vier Jahrzehnte währenden Forschung auf der Suche nach einer Philosophie, die nicht nur intellektuell verantwortungsbewusst ist, sondern auch tiefgehend und persönlich bedeutsam. Ich begann diese Suchmission als Hochschulstudent der Philosophie und führte diese später als Universitätsprofessor weiter, auf der einen Seite angetrieben vom Sehnen danach, das Fundament der menschlichen Wirklichkeit zu erkunden und auf der anderen Seite unzufrieden mit den unzugänglichen Abstraktionen der akademischen Lehre. Während dieser frühen Jahre befand ich mich in einem Zustand unerwiderter Liebe – verliebt in die philosophische Suche, aber leidend unter der Kluft und des Intellektualismus der Philosophie, wie ich sie kannte. Gleichwohl muss ich rückblickend zugeben, dass ich meinem wissenschaftlichen Studium und meiner Arbeit viel verdanke; sie haben mir die notwendigen Kompetenzen und Kenntnisse vermittelt, die meiner späteren Weiterentwicklung als geistiges Fundament dienten.*

*Meine Entfremdung von der akademischen Welt begann, als ich als junger Hochschulprofessor dem Fachgebiet der sogenannten Philosophischen Beratung (Counseling) begegnete oder allgemeiner ausgedrückt, der Philosophischen Praxis. Anfänglich inspirierte mich diese noch junge internationale Bewegung als möglicher Weg, Philosophie und Leben zusammenzubringen. In dieser Bewegung war ich dann auf internationalem Gebiet tätig, aber nach ein paar Jahren wurde mir bewusst, dass es nicht das war, wonach ich suchte. Ich wollte eine Philosophie, die das Leben vertieft und nicht eine, die das Leben bändigt und seinen Anforderungen entspricht; Ich suchte eine Philosophie, die einen inneren Wandel bewirkt, nicht bloß persönliche Probleme löst; eine, die mit der ursprünglichen philosophischen Mission übereinstimmt, sich mit der Grundlage der Wirklichkeit zu verbinden – soweit wie menschenmöglich.*

*Es kostete mich noch ein paar Jahre, um meinen Weg zu finden. Es fing auf sehr kleiner Basis an: zuerst richtete ich hier und da Seminare zur Selbstbetrachtung aus; dann gab ich eine Reihe von Online-Sitzungen, die ich mit Freunden und Kollegen organisierte; nachfolgend begann ich mit experimentellen Workshops, Retreats und Online-Gruppen. Letztendlich entstand eine neue Struktur einer kontemplativen Philosophie, zunächst unter dem Namen „Philosophische Kameradschaften" und später als „Deep Philosophy".*

*Erst jetzt spürte ich, dass ich endlich gefunden hatte, wonach ich während Jahrzehnten philosophischer Tätigkeit gesucht hatte: eine wirklich philosophische Erforschung des Fundaments – persönlich, tiefgreifend, kontemplativ und in Gemeinschaft mit meinen Wegbegleitern und mit Denkern der Vergangenheit. Ich war nun soweit, mithilfe Gleichdenkender die Gruppe „Deep Philosophy" zu gründen. In dieser internationalen Gruppe gehen wir kontemplativ in uns, erkunden neue Wege und gleichzeitig bieten wir denjenigen philosophisch-kontemplative Zusammentreffen, die sich auf demselben Weg der Suche befinden.*

*Ich möchte betonen, dass „Deep Philosophy" keine neue Erfindung ist. Nichts ist vollkommen neu in der Geschichte des*

*Denkens. Die Wurzeln von "Deep Philosophy" lassen sich in der gesamten Geschichte der Philosophie finden, angefangen von den Methoden der griechischen und hellenistischen Denker der Antike über die philosophisch-poetischen Schriften deutscher Romantiker und amerikanischer Transzendentalisten bis hin zu existenzialistischen Denkern und anderen Gruppierungen.*

*Diese historischen Wurzeln bezeugen, dass "Deep Philosophy" ein neuer Zweig des uralten Baums der philosophischen Weisheit ist. Sie ist sicher nicht die letzte Antwort, weder für mich persönlich noch für irgendjemand anderen. Wie uns die Geschichte zeigt, ist die Philosophie das historische Erbe eines vielstimmigen Chores, der sich immer weiter entwickelt und dabei zu neuen Formen findet. Es ist meine Hoffnung, dass "Deep Philosophy" nicht zu einer festen Lehrmeinung erstarrt, sondern andere Denker dazu animiert, das nie endende historische Streben nach Weisheit und Tiefe weiter voranzutreiben.*

*Ran Lahav*
*Vermont, USA, 2021*

# *Teil A*

# ERSTE BEGEGNUNG MIT DEEP PHILOSOPHY

Es ist nicht einfach, einen systematischen Überblick über Deep Philosophy zu geben. Wie viele andere menschliche Tätigkeiten, ist „Deep Philosophy" nicht etwas Einheitliches. Sie erwuchs aus einer Fülle persönlicher Erfahrungen und Ambitionen, sie wurde von unterschiedlichen Einsichten und Ideen geformt, die zu verschiedenen Zeiten an Klarheit gewannen, und nahm schließlich Gestalt an durch ein Netzwerk von Überlegungen, entstanden als Antwort auf bestimmte Herausforderungen.

Daher wäre eine systematische Darstellung von „Deep Philosophy" zwangsläufig eine nachträgliche Interpretation, eher vergleichbar mit einem einfachen Reiseführer für Touristen denn eine getreue Beschreibung der tatsächlichen Situation des Gebietes. Dennoch könnte eine solche Übersicht, selbst wenn sie irgendwie gewollt erschiene, dabei helfen, Licht in das Wesen von „Deep Philosophy" zu bringen, vorausgesetzt dass sie als Grobskizze verstanden wird.

In diesem Buch möchte ich die Hauptthemen darstellen, die sich auf dem sich ständig weiterentwickelnden Gebiet von „Deep Philosophy" finden, einschließlich des umfangreichen – und vielleicht auch verwirrenden – Flechtwerks von Erfahrungen, Ideen und Methoden. Meine Darstellung wird unweigerlich etwas bruchstückhaft sein, auch wenn ich glaube, dass sich die Fragmente zu einem mehr oder weniger schlüssigen Ganzen addieren werden.

Das Gesamtbild von „Deep Philosophy" kann in drei Hauptkomponenten unterteilt werden: Erstens der theoretische Aspekt, welcher die Grundkonzepte und Leitsätze umfasst, auf die sich die Praxis von „Deep Philosophy" gründet. Zweitens der historische Aspekt der Wurzeln von „Deep Philosophy" und ihre Inspirationsquellen. Und drittens schließlich der Aspekt der Praxis, einschließlich seiner allgemeinen methodischen Leitlinien und seines Repertoires an Übungen und Vorgehensweisen.

Einen lohnenswerten Einstieg – vor der eingehenden Betrachtung jeder dieser drei Komponenten – stellen ein paar einleitende Einblicke in „Deep Philosophy" dar, als da wären: Erfahrungen, Beobachtungen, bruchstückhafte Ideen, metaphysische Überlegungen, leicht dem Inhalt nach geordnet, ohne in ein künstliches Gebilde gezwängt zu werden.

*Kapitel 1*

# EINBLICKE IN DEEP PHILOSOPHY

Wir können den Geist von „Deep Philosophy" dann zu schätzen wissen, wenn wir feststellen, dass er eng mit bestimmten wertvollen Erfahrungen verbunden ist, die viele von uns manchmal in Momenten des täglichen Lebens machen. Diese Erlebnisse passieren in der Regel von selbst. Während wir unserem gewöhnlichen Leben nachgehen, mögen diese plötzlich in unser Bewusstsein flattern – in Form einer wertvollen Einsicht oder einer Erkenntnis, die uns aus dem Nichts zu erreichen scheint, oder die von einem Gefühl von konkreter Gestalt und Echtheit begleitet wird. Oft sind diese Erfahrungen zu kurzlebig, um unsere Aufmerksamkeit zu fesseln, aber wenn wir sie bemerken und auf ihre besondere Beschaffenheit aufmerksam werden, machen wir bereits einen ersten Schritt hin zu „Deep Philosophy". Denn „Deep Philosophy" hat mit solchen speziellen Augenblicken zu tun.

**Luftblasen der Erkenntnis**

Bisweilen, wenn man es am wenigsten erwartet – mitten in einem Gespräch, bei der Arbeit, bei einem Spaziergang – kann es passieren, dass sich eine „Luftblase" der Einsicht in mein Bewusstsein drängt, so wie eine Luftblase aus der Tiefe eines Sees an die Wasseroberfläche steigt. Sie kommt von irgendwoher in meinen Kopf, wie ein leises Flüstern aus unbekannter Tiefe meines Seins. In dieser neuen Erkenntnis schwelge ich und begreife ihre Kostbarkeit. Diese Erkenntnisblase mag kaum bemerkbar und die Einsicht, die sie mit sich bringt, belanglos sein, und trotzdem besitzt sie einen besonderen Charakter der Echtheit und Bedeutsamkeit.

Und dann wird mir klar: Nicht alles, was mit mir geschieht, entspringt immer derselben Stelle meines Geistes; nicht alles kommt aus dem mir vertrauten Ich. Es gibt da verborgene Bereiche meines Seins jenseits der psychologischen Struktur, welche ich „mein ich" nenne, die der Ursprung wertvoller Eingebungen sind.

**Unterbrechung des Gedankens**
Ich setze mich zum Lesen hin und mein in der Regel mitteilsamer Verstand erwischt sich selbst beim leisen, aufmerksamen Nachfolgen der gedruckten Zeilen. Die Worte des Textes beginnen in mir auf eine besonders bedeutsame Art zu schweben und während ich ihnen still lausche, werde ich ihrer Anwesenheit bewusst. Meine Gedanken verlangsamen sich und eine ungewohnte Stille senkt sich über mich, klar und sanft. Ich bemerke jetzt, wie mein Verstand noch wenig vorher von Geräuschen erfüllt war. In dieser herrlichen Ruhe kann sich nun eine neue Eingebung entwickeln, mit Worten kaum beschreibbar, aber ungemein lebendig. Sie entfaltet neue unsagbare Sinnhaftigkeiten, die ich genieße.

Es ist, als ob ein anderer Ursprung des Verstehens in mir lebendig wird, tiefgründiger als mein mir vertrautes denkendes Ich. Vielleicht wirkt dahinter eine verborgene Dimension meines Seins, die diese neuen Erkenntnisse hervorbringt, eine versteckte Quelle jenseits der üblichen Grenzen meines Verstehens oder ein riesiges Meer an Bedeutungsebenen, dessen wertvolles Wasser in mich strömt.

**Kontemplation**
Meine wertvollen Erkenntnisblasen entwickeln sich oft von selbst: Ganz plötzlich steigen sie von sich aus in mein Bewusstsein, wie eine Gabe von einem anderen Ort schweben sie eine Weile behutsam in mir und verlieren sich dann. Ich

kann sie nicht bewusst erschaffen, ich kann nur einen inneren Raum für sie gestalten, eine Lichtung im Wald meines Geistes, wo ich sie empfange, wenn sie entstehen.
Ich verdränge meine innere Unruhe und höre ruhig in mein Inneres. Ich warte. Ich weiß, dass ich geduldig sein muss, aber nicht völlig untätig. Ich habe festgestellt, dass manchmal eine Blase eines wertvollen Verstehens zum Vorschein kommen kann, wenn ich einen Gedanken in dieser inneren Stille hinterlege und vorsichtig über ihn nachdenke. Ein Gedanke kann, wenn mit ihm sorgsam umgegangen wird, einen Keimling für Einsichten darstellen.
Und nun bin ich kein Empfänger mehr, der von unerwarteten Erkenntnissen überrascht wird. Ich gebe bewusst meiner inneren Einstellung eine Form. Dies nennt man kontemplatives Nachdenken: meine Gedanken zum Schweigen bringen, einen inneren Raum des Zuhörens erschließen, darin Keimlinge der Erkenntnis hinterlegen – einen Satz, eine Idee, einen Text – und einer Antwort aus anderen Ebenen lauschen.

**Philosophische Kontemplation**
Ich möchte einen Text kontemplativ lesen, ihm aus meiner inneren Stille heraus zuhören. Doch welche Art von Text sollte es sein?
Ich könnte über einen Pop Song, über eine Zeitungskolumne oder einen wissenschaftlichen Artikel kontemplativ nachdenken. Jedoch würden diese Texte irgendwie nicht die richtige Inspiration wecken. Sie sind zu greifbar und speziell, um tiefe, wertvolle Erkenntnisse hervorzubringen.
Für die Kontemplation müssen die Worte zu ursprünglicher Sinnhaftigkeit in Beziehung stehen. Sie müssen jenseits bestimmter Informationen und Dinge auf einen Bereich größerer Dimensionen hinweisen.

Dies sind Worte der Philosophie, zumindest einer tief gehenden Art von Philosophie. Ein tiefgründiger philosophischer Text befasst sich mit grundlegenden Bedeutungsebenen.

Das kontemplative Nachdenken über einen philosophischen Text nennt man philosophische Kontemplation. Das bedeutet, den grundlegenden Bedeutungsebenen der menschlichen Realität zuzuhören. Solche Bedeutungsebenen erscheinen nicht „innerhalb" meines Verstandes – sie entstammen zu sehr dem Ursprung, um „meins" zu sein oder „in mir". Sie leiten sich aus der größeren Wirklichkeit her, die mich umschließt.

In der philosophischen Kontemplation höre ich „durch" einen philosophischen Text grundlegenden Bedeutungsinhalten zu: In Ruhe philosophische Ideen lesend, während ich sie in mir sprechen lasse, ohne sie zu beurteilen, ohne sie zu analysieren, ihnen zuzustimmen oder zu widersprechen. Durch diese Ideen empfange ich dann kostbare Erkenntnisse, die aus meiner Tiefe aufsteigen und mich mit einer starken Gegenwärtigkeit erfüllen.

**Deep Philosophy**

Nachdem ich die philosophische Kontemplation erlebt habe und Zeuge der intensiven wertvollen Gegenwärtigkeit tiefen Verstehens geworden bin, möchte ich dies in eine regelmäßige Tätigkeit umsetzen und Zeit in sie investieren.

Dies kann ich still für mich in meinem Zimmer machen. Aber ich kann auch Wegbegleiter suchen, die eine philosophische Kontemplation in der Gruppe ausüben wollen, sei es, weil sie schon dieselben Erlebnisse gemacht haben wie ich, oder aus Neugierde dies kennenzulernen.

Und so haben wir eine Gruppe von kontemplativ vorgehenden Philosophen zusammengestellt. Wir treffen uns zeitweise und gemeinsam widmen wir uns der Kontemplation. Wir entscheiden über bestimmte Abläufe und stellen eine Liste philosophischer Texte zusammen. Wir sind nun eine Gruppe, eine Gruppe der „Deep Philosophy".

**Kontemplationsübungen**

Zuerst wollte unsere Gruppe frei kontemplativ nachdenken, einfach nur Herz und Geist öffnen und durch den Text still in die tiefen, wesentlichen Bedeutungen hinein hören. Aber der Geist öffnet sich nicht von selbst. Er wird von starren psychologischen Denkmustern dominiert. Er ist nicht so frei, wie er zu sein scheint, da er von einem Autopiloten, der Psychologie, gesteuert wird.

Wir müssen unsere psychologischen Verhaltensmuster beiseiteschieben und den Geist zum tiefen inneren Zuhören hinführen, doch ohne geeignete Techniken ist dies ist nicht leicht zu erreichen. Wir müssen besondere Übungen verwenden, wie sehr langsames Lesen des Textes, ungewöhnliches Sprechen, dem Klang der Worte lauschen wie sie im Raum nachhallen, einen Satz im Sprechgesang immer wieder wiederholen, bis sich seine normale Bedeutung auflöst, oder das Formulieren von Ideen auf sorgfältige, rhythmische und poetische Art.

All dies mag sich zunächst gekünstelt anfühlen und sogar lästig oder uninteressant. Aber es geht kein Weg dran vorbei: Wollen wir uns von unseren gewohnten Denkmustern lösen, müssen wir dem Geist künstliche Beschränkungen vorschreiben.

**Die kontemplative Sitzung**

Wir könnten uns wünschen, Deep Philosophy zu einer Lebensform zu machen, die nicht an besondere Zusammentreffen zu bestimmten Zeiten unter der Woche gebunden ist. Wir möchten meinen, dass die Verbindung zu unseren tiefsten Erfahrungen in uns immer lebendig bleiben sollte, bei allem was wir tun, als eine ununterbrochene innere Stille und eine wertvolle Echtheit. Dies ist jedoch eine nicht umsetzbare Hoffnung. Wir haben ein Leben zu leben und können nicht den ganzen Tag lang herumsitzen und nachdenken. Deep Philosophy bedeutet nicht, sich vom Leben abzuwenden, sondern dieses Leben um eine tiefere Dimension zu bereichern.

Aus diesem Beweggrund betreiben wir Deep Philosophy in Sitzungen von ein bis zwei Stunden, die uns für den Rest der Woche Kraft geben. Für einen begrenzten Zeitraum befreien wir uns von unseren täglichen Aktivitäten und tauchen ein in philosophische Ideen und grundlegende Bedeutungsebenen. Wenn die Sitzung vorbei ist, verfliegt das intensive Erlebnis, und dennoch hält unser grundsätzliches Bewusstsein der Tiefe an.

Hier ist Deep Philosophy wie Liebe. Lieben bedeutet nicht ein Überströmen an Gefühlen zu jedem Augenblick des Tages. Sondern auch reden, planen, Probleme lösen, putzen oder kochen, ebenso wie miteinander kämpfen und leiden. Deep Philosophy ist eine Art von Liebe – eine Liebe für die Tiefe der Wirklichkeit. Und so wie Liebende ihre Liebe mit „einzigartigen Momenten" intensiven Zusammenseins pflegen müssen, so verhält es sich mit Deep Philosophy. Unsere „einzigartigen Momente" sind unsere kontemplativen Sitzungen.

Auch wenn Deep Philosophy von Liebe inspiriert ist, so ist es nicht bloß ein unbesonnenes Herzausschütten. Wir benötigen Methoden, wenn wir möchten, dass unser Sehnen uns aus dem Gefängnis unserer normalen Psychologie hinausführt. Und deshalb baut sich eine Sitzung auf als eine strukturierte Abfolge von Übungen oder Techniken.

Viele unserer kontemplativen Sitzungen finden online statt. Wir, das sind fünf bis zwölf Teilnehmer aus der ganzen Welt, treffen uns auf dem Computerbildschirm auf der Plattform Zoom und gehen einmal die Woche eine oder zwei Stunden lang in der Gemeinschaft kontemplativ in uns. Wenn möglich, organisieren wir ein Deep Philosophy Retreat an einem geografisch zweckmäßigen Ort und verbringen dort gemeinsam ein Wochenende. Doch unabhängig vom Ort steht im Mittelpunkt einer Deep Philosophy Sitzung stets dasselbe: das kontemplative Nachdenken in Gemeinsamkeit, aus unserer inneren Tiefe heraus.

Somit ist eine kontemplative Sitzung ein Zeitraum, gesondert vom Rest des Tages oder der Woche. Sie ist wie eine „Lichtung" im „Wald" unseres täglichen geschäftigen Treibens. Sie dient wie die einzigartige Zeit der Liebenden oder wie die heilige Zeit des Schamanen der Intensivierung unserer Begegnung mit der wesentlichen Wirklichkeit. Sie ist auch vergleichbar mit einem religiösen Gebet – einer kurzen Zeitspanne, in der sich die Ausübenden erneut mit einer höheren Dimension vereinigen.

**Texte zur Textkontemplation**

Über die Jahrhunderte hinweg war es das Bestreben von Philosophen, in ihren Philosophien Wahrheiten über das Leben und die Wirklichkeit auszudrücken. In der Tat finden wir genau das in einem typisch philosophischen Text: eine These über Freiheit oder über Erkenntnis, Argumente für die Existenz Gottes oder Argumente dagegen, Feststellungen über das Wesen der Schönheit oder die der Gerechtigkeit.

Aber für uns in Deep Philosophy ist ein philosophischer Text mehr als eine intellektuelle Erklärung. Wenn wir einen philosophischen Text in stiller Aufmerksamkeit lesen, berührt er uns manchmal tief, beflügelt uns und erweckt in uns etwas, das tiefer reicht als einfache unpersönliche Gedanken. Es ist, als würde eine verborgene Komponente unseres Seins für ein paar Augenblicke wach werden.

In solchen Momenten ist unser philosophischer Text mehr als eine theoretische Idee. Er bietet nicht nur verstandesmäßige, abstrakt zu beleuchtende Ideen, nicht nur eine zu hinterfragende These, sondern er manifestiert eine lebendige Gegenwärtigkeit in uns. Was wir spüren ist, dass der Text verborgenen Bedeutungsebenen eine Stimme verleiht, von der wir ihre Echtheit und ihre wohltuende Gegenwärtigkeit wahrnehmen.

Dies ist das Herzstück der Textkontemplation, die wesentliche Tätigkeit in Deep Philosophy Sitzungen. Es handelt sich um eine strukturierte Form des Lesens, bestehend aus verschiedenen Abläufen und Übungen, die dazu beitragen, unsere normalen Denkmuster zu überwinden und einen kontemplativen Geisteszustand einzunehmen, bei dem die Aufmerksamkeit dem Zuhören nach innen gewidmet ist. Im Unterschied zu gewöhnlichen Methoden des Lesens, bei denen wir dem Text unsere Gedankengänge und Meinungen auferlegen, lassen wir bei der Textkontemplation den Text selbst in uns sprechen. Auf diese Weise erscheinen tiefe Sinngehalte von sich heraus in unserem Bewusstsein.

**Die Erfahrung philosophischer Kontemplation**
Als kontemplativ in uns Gehende machen wir oft die Erfahrung tiefgründiger Bedeutungen, die dem Text entspringen, und welche mit einem besonderen Gefühl von Intensität, Echtheit, Kostbarkeit und stiller Gegenwärtigkeit versehen sind. Wir spüren dabei, dass etwas, das „grösser ist als ich" in uns denkt oder wir fühlen uns einer größeren Wirklichkeit gegenüber offen.

Diese Erfahrungen weisen darauf hin, dass das in uns Geschehende in solchen Augenblicken nicht gewöhnlich ist. Es dominieren nicht mehr unsere üblicherweise aktiven Denkmethoden, und stattdessen erwacht eine ansonsten untätige, schlafende Dimension unseres Seins.

Diese erweiterte Dimension ist das, was wir „innere Tiefe" nennen. Unsere innere Tiefe ist wie der Ursprung eines besonderen Verständnisses. Während der Kontemplation denken wir nicht so wie wir es normalerweise tun, nämlich indem wir von unseren gewöhnlichen psychologischen Mechanismen Gebrauch machen, sondern aus unserer inneren Tiefe heraus. Wodurch auch der Name „Deep Philosophy" entsteht.

**Innere Tiefe**

Die innere Tiefe ist der „Ort" in mir, an welchem das Ereignis Kontemplation stattfindet. Wenn ich kontemplativ nachdenke, dann denke, höre, spreche und kommuniziere ich von meiner inneren Tiefe. Durch das Praktizieren der Kontemplation möchte ich meine innere Tiefe erwecken und pflegen.

Der Begriff „Tiefe" ist als eine gängige Metapher anzusehen. Im täglichen Sprachgebrauch mögen wir sagen „Das ist ein tiefes Buch" oder „Sie ist eine tiefe Denkerin", und genauso können wir von einem „tiefen Gefühl" oder einer „tiefen Beziehung" sprechen. Es ist nicht eindeutig, ob alle diese Ausdrücke den gleichen Bedeutungsinhalt haben, da die Umgangssprache oft nachlässig und unbeständig ist. Aber in Deep Philosophy benutzen wir den Ausdruck „Tiefe" insbesondere, um uns auf eine Dimension unseres Seins zu beziehen, in der wir das ursprüngliche Denken und Verstehen erleben.

Wie jemand, der die Kontemplation kennt, weiß, ist es nahezu unmöglich diese innere Tiefe zu beschreiben. Sie erscheint eine Dimension meiner selbst zu sein, die der Sprache nicht zugänglich ist und daher einen mehr originären Ursprung hat als unsere Fähigkeit des sprachlichen Ausdruckes. Sie liegt meistens brach und unbemerkt, aber wenn sie beim kontemplativen Nachdenken erwacht, sind meine Gedanken klar, ruhig und vollkommen gegenwärtig, und sie verströmen ein Gefühl wertvoller Echtheit. Während ich nach innen höre, werde ich Zeuge neuer und überraschender, aus meiner Tiefe aufsteigender Erkenntnisse. Es ist, als ob etwas durch mich denkt, das größer ist als mein gewöhnliches Ich. Im Vergleich zu diesem Wunder fühlt sich mein normales Denken öde und kraftlos an.

Die innere Tiefe ist folglich wie ein Quell, dessen Wasser sich aus der Tiefe der Erde ergießt; sie ist der Ursprung urzeitlicher Bedeutungsebenen, die an die sichtbare Oberfläche unseres Bewusstseins gebracht werden.

**Philosophische Enthaltung**

Wenn wir uns auf einen tiefsinnigen philosophischen Text kontemplativ einlassen und uns an seinen Ideen erfreuen, finden wir uns in einer besonderen Lage wieder: der Text mag uns auf der einen Seite mit einem starken Gefühl schätzenswerter Authentizität berühren. Andererseits stimmen wir nicht notwendigerweise dem Text zu oder akzeptieren ihn als wahr. Dieser Text kann durchaus einem anderen Text widersprechen, den wir gleichfalls vielversprechend finden. Wie können uns gleichermaßen zwei sich widersprechende Ideen beeindrucken?

Dies erscheint befremdlich, sofern wir die Ideen des Textes als eine These betrachten, mit anderen Worten, wie eine Feststellung darüber wie die Dinge sind, nämlich wahr oder falsch. Zwei verschiedene Thesen, die dasselbe Objekt unterschiedlich veranschaulichen, können nicht beide richtig sein.

Diese Verwirrung klärt sich, wenn wir während des kontemplativen Nachdenkens begreifen, dass uns ein philosophischer Text nicht aufgrund seines Wahrheitsgehaltes beeindruckt, sondern aufgrund seiner Tiefe, beziehungsweise nicht wegen dem, was er über die Wirklichkeit zu sagen hat, sondern wegen der Wesensgehalte, die er aufdeckt. Das, was wir vom Text erhalten, sind keine grundlegenden Wahrheiten, sondern grundlegende Bedeutungen.

Diese wesentlichen Bedeutungen werden in unserer inneren Tiefe wachgerüttelt, wenn wir dem Text von innen zuhören. Passiert dies, dann enthüllt das kraftvolle Erleben dessen was echt ist, dass wir uns in einer tiefen Verbindung zu etwas sehr Wirklichem, Realen befinden, selbst wenn wir nicht den Anspruch erheben können zu wissen, was es sei. Es ist, als seien diese Sinnzusammenhänge so etwas wie „Klänge" oder „Stimmen", die irgendwie unsere „Ohren" erreichen, ohne uns zu enthüllen, woher sie kamen und wessen Stimme sie ausdrücken.

Aber um diese grundlegenden Bedeutungsebenen zu „hören", müssen wir den Text wie einen Träger von Bedeutungsebenen behandeln, anders gesagt, uns eines Urteils über den Wahrheitsgehalt der Theorie enthalten, den dieser Text unterbreitet. Wir sollten weder mit ihm übereinstimmen noch ihm widersprechen, sondern ihn als Ausdruck einer besonderen menschlichen Begegnung mit der Wirklichkeit betrachten. Und in der Tat kann selbst der ursprüngliche Autor des Textes nicht die grundlegende Wirklichkeit mit seinen Thesen erfassen – genauso wenig wie wir in der kontemplativen Betrachtung. Lediglich die Bedeutungen hat er „hören" können, die die Begegnung mit der Echtheit erzeugen.

**Die Geschichte der Textkontemplation**

Die historischen Wurzeln der Textkontemplation finden sich in verschiedenen Traditionen der Spiritualität und Weisheit. Ein Beispiel zeigen die Methoden der Stoischen Philosophen in der hellenistischen und römischen Welt des Altertums, die kontemplativ den Prinzipien der Stoa folgten, indem sie entsprechende Schreib-, Lese- und Denkübungen anwendeten, sowie die der Vorstellungskraft. Ein weiteres Beispiel ist der antike christliche Brauch der *Lectio Divina*, die im 12. Jahrhundert vom Kartäusermönch Guigo II. vereinheitlicht wurde. Sie besteht in der meditativen Lektüre der heiligen Schriften und dem gleichzeitigen Hoeren nach innen auf göttliche Bedeutungsinhalte, wie sie im Geist des Ausführenden erscheinen.

Im Gegensatz zu jenen spirituellen Traditionen orientiert sich Deep Philosophy jedoch an keiner Glaubenslehre – weder philosophisch, religiös noch anderer Art. Unsere Texte sind verschiedensten geschichtlichen Epochen und philosophischen Denkansätzen entnommen, da wir um den reichen Vielklang menschlicher Stimmen bemüht sind und nicht um eine einzelne autoritäre Lehre. Üblicherweise benutzen wir in jeder Sitzung einen Textauszug von ein bis zwei Seiten aus einem größeren philosophischen Werk. Besonders sinnvoll sind jene Auszüge, die übersichtlich und auch poetisch sind und Themen menschlicher Situationen wie Liebe, Echtheit oder Sehnsucht behandeln. Es lassen sich auch mehrere historische Texte für eine Reihe von Sitzungen nehmen, die sich mit einer Vielfalt von Standpunkten zum selbigen Thema befassen. Für uns ergänzen sich diese verschiedenen Sichtweisen wie unterschiedliche Musikinstrumente in einem Konzert.

**Stimmen menschlicher Realität**
In Deep Philosophy trachten wir danach, so eingehend wie möglich mit der Tiefe der menschlichen Realität in Verbindung zu treten. Wir versuchen nicht über diese Tiefe zu theoretisieren – dies hieße, sie aus dem Blickwinkel eines externen Beobachters anzuschauen und zu vergegenständlichen; sie in einen zu überprüfenden Gegenstand zu verwandeln, unabhängig vom denkenden Philosophen. Es würde auch bedeuten, uns selbst als Subjekte zu objektivieren und den Anspruch zu erheben, ein „Ding" zu sein, das denkt (um Descartes' Worte zu verwenden).

Wir wollen mit der Wirklichkeit in Berührung kommen, noch bevor sie durch Gedanken und Sprache verdinglicht wird, bevor die Unterscheidung zwischen Subjekt und Objekt stattfindet, bevor unsere psychologischen Denkmechanismen ihre Denkmuster aktivieren. Deshalb würde keine Beschreibung „über" die Wirklichkeit funktionieren, keine

These, die versucht, die Wirklichkeit darzustellen oder sie in Erklärungen festzuhalten.

Diese ursprüngliche Dimension nennen wir „Stimmen menschlicher Wirklichkeit". Dieser Ausdruck verweist auf mehrere Dinge:

Erstens gibt er an, dass wir uns hier nicht auf subjektive Erlebnisse in unserem Geist beziehen, sondern auf die Wirklichkeit, derer wir ein Teil sind, auf das Weltmeer, in dem wir nichts als eine Welle sind.

Zweitens verweist der Ausdruck darauf, dass dieser ursprüngliche Bereich nicht aus Gegenständen und Tatsachen besteht, nicht einmal aus Wörtern und Begriffen, sondern aus Bedeutungen, die jenseits all diesem liegen. Dies ist unausgesprochen in der Metapher der „Stimmen" enthalten: Die Stimme eines Redners ist nicht einfach ein physikalischer Klang, sondern auch die Bedeutung, die sie transportiert. Hier sind die „Stimmen" bildhaft bezogen auf den Bereich grundlegender Bedeutungen.

Doch drittens zeigt der Begriff „Stimmen" auch, dass diese ursprünglichen Bedeutungsebenen fließend und veränderlich sind. Dies beruht darauf, dass sie unserem Zusammentreffen mit der Wirklichkeit entspringen; diese Begegnungen sind im Wandel befindlich so wie es menschliche Situationen sind, kulturell als auch individuell.

Letztlich erinnert uns dieser Ausdruck daran, dass uns grundlegende Bedeutungsebenen nicht als Objekte unserer Gedanken oder Erfahrungswerte erreichen, nicht als ein zu erfassender Inhalt, sondern durch einen unmittelbaren Impuls wie ein im Geiste ausstrahlendes Beben. Wir verkörpern sie und sie vibrieren in unserem ganzen Sein.

Wie grundlegend sind diese Stimmen? Sind sie die ultimative Wirklichkeit wie ein Gott? Offenbar können wir diesen Anspruch nicht erheben. Als menschliche Wesen sind wir in unseren Möglichkeiten begrenzt, die sich uns nicht erschließen. Wir sind nicht dazu in der Lage zu verstehen, was sich jenseits unseres Horizonts befindet. Diese Stimmen sind ursprünglich, innerhalb unserer, dem Menschen vorgegebenen Horizonte, innerhalb der Sphären, die uns grundsätzlich zugänglich sind. Deshalb nennen wir sie „Stimmen menschlicher Wirklichkeit".

**Was ist nun Deep Philosophy?**

Sollte ich Deep Philosophy in einem einzigen Satz definieren, würde ich sagen: In Deep Philosophy betrachten wir kontemplativ aus unserer inneren Tiefe wesentliche, existentielle Fragen des Lebens, im Zusammensein mit unseren Gefährten und mit historischen philosophischen Texten.

Diese Formulierung sagt uns zuerst, dass Deep Philosophy eine Form von Philosophie ist. Wie unzählige Philosophen im Laufe der Geschichte erkundet sie grundlegende Bereiche des Lebens und der Wirklichkeit. Meine Formulierung besagt aber auch, dass Deep Philosophy eine besondere Art des Philosophierens darstellt. Im Unterschied zur typischen akademischen Denkweise, bei der wir aus dem Intellekt heraus denken, denken wir bei Deep Philosophy von unserer inneren Tiefe, mit anderen Worten, wir denken kontemplativ.

Außerdem verdeutlicht diese Formulierung, dass Deep Philosophy vor allem eine Aktivität in der Gruppe ist, vorzugsweise kleine. Im Unterschied zu üblichen Diskussionsrunden argumentieren die Teilnehmer nicht, sie urteilen nicht und drücken auch keine eigene Meinung aus. Vielmehr reflektieren sie gemeinsam, treten in Resonanz miteinander, so wie es improvisierende Musiker untereinander tun und erschaffen so zusammen eine philosophische Vielstimmigkeit.

Schlussendlich sagt uns diese Formulierung, dass wir in Deep Philosophy mit früheren Denkern der Geschichte in Verbindung treten. Die westliche Philosophie hat eine lange Tradition. Sie ist eine historische Auseinandersetzung, bei der jeder nachfolgende Denker die Auseinandersetzung auf Basis des vorangegangenen Philosophen weiter in die Zukunft führt, indirekt oder explizit. Kein Philosophieren kann von Null anfangen, noch kann es von der Geschichte losgelöst werden. Daher sind es historisch philosophische Texte, die wir in unseren Sitzungen kontemplativ betrachten – nicht um einer höheren Kompetenz Folge zu leisten, sondern als Arbeitsmaterial und um mit ihnen in Resonanz treten zu können, sowie letztlich als Ausgangspunkt zur Entwicklung unseres persönlichen Verständnisses.

*Kapitel 2*

# MOMENTE DES KONTEMPLATIVEN DENKENS

**Individuelle Textkontemplation**
In Ruhe, mit meinem Buch in der Hand, lasse ich mich kontemplativ auf meinen täglichen Text ein, meine Augen sanft über die Zeilen gleitend. Freiheit, Seele, Natur: Die Worte des berühmten Philosophen nehmen Gestalt an in meinen Kopf – und ich lausche der sie umhüllenden Stille. Alles ist jetzt in mir gegenwärtig und erfüllt von tiefen Bedeutungen, die ich dankbar entgegennehme, auch wenn ich sie geistig nicht vollständig erfassen kann. Ich weiß, dass ich nicht versuchen sollte, sie zu analysieren oder ihnen meine Lesart aufzudrängen. Ich lasse sie in mir sprechen, so wie es ihnen behagt, ich lausche ihren Stimmen.

Stimme ich mit dem Text überein oder bin ich nicht mit ihm einverstanden?

Doch in der Stille des Augenblicks gibt es weder ein Richtig noch ein Falsch, weder Zustimmung noch Ablehnung. Da sind Bedeutungen, die wie Musik in der Luft klingen und sie fragen mich nicht nach meiner Meinung. Meinungen können richtig oder falsch sein, Theorien mögen korrekt oder verfehlt sein, aber was mittels dieser Seiten in mir spricht, ist etwas Anderes. Es versucht nicht zu erklären, zu überzeugen oder Tatsächlichkeiten zu beschreiben. Es ist einfach wie eine Melodie.

Ich weiß natürlich, dass der Denker und Autor dieses Textes eine Theorie aufzustellen beabsichtigte. Er glaubte,

Erklärungen zum Leben abzugeben, über das Wesen der Freiheit und der Gestalt der Seele oder des Geistes und erachtete sie als wahr. Aber was macht es aus, was der Denker zu tun glaubte? Er war nicht Herr dieser Sinngehalte, er brachte sie nur zu Papier, als sie in seinem Geist sprachen.

**Kontemplation in der Gruppe**

Wenn ich allein in meinem Zimmer sitze, lassen mich meine losgelösten kontemplativen Betrachtungen eine pure Stille und die tiefsten persönlichen Einsichten erfahren. Dennoch suche ich auch die Begleitung meiner Gefährten, denn die behutsame Fülle der Kontemplation im Miteinander ist schätzenswert. Und wenn sie nicht vor Ort sind, treffen wir uns online in Videokonferenzen, ungeachtet des zwischen uns stehenden Computerbildschirms und elektronischer Störungen. Wir lesen einen Absatz gemeinsam oder rezitieren wiederholt einen ausgewählten Satz oder aber wir verleihen unserer inneren Tiefe Ausdruck und treten in gemeinsame Resonanz.

Die Kontemplation in der Gruppe verläuft nicht so ruhig wie das einsame kontemplative in uns gehen und ist nicht gleichermaßen intensiv nach innen gerichtet. Die Worte und die Gesichter meiner Gefährten erlauben es mir nicht, vollauf in meiner inneren Tiefe zu versinken. Doch gerade, weil ich für die Stimmen meiner Wegbegleiter offen bin und sie meine eigene Stimme bereichern, bin ich dann mehr als nur ich selbst. Ich bin jetzt eine Stimme eines Chors. Vielleicht kann ich nicht so ungemein tief in mich selbst gelangen und dennoch überwinde ich meine Grenzen, hin zu umfangreicheren Sphären der menschlichen Wirklichkeit.

**Die Kurzmeditation**

Wir neun Teilnehmer versammeln uns zu einer Sitzung von Deep Philosophy. Nach der Begrüßung der Gruppe beginnt der Moderator sofort das Treffen mit einer „Kurzmeditation".

Diese Übung ist eine kurze Art der Meditation, um den Geist zur Stille zu bringen und ihn sich auf die Sitzung konzentrieren zu lassen. Hier tun wir den ersten Schritt in die Welt der Kontemplation, in welcher unser Geist größere Freiheit von unseren üblichen Denkmustern erlangt und sich von psychologischen Strukturen löst, die versuchen ihn zu bestimmen.

Für diese Sitzung im Besonderen, wählt unsere Moderatorin eine Kurzmeditation, die die Luftröhre im übertragenen Sinn als Treppe benutzt, um in unsere innere Tiefe hinabzusteigen. Sie bittet uns, die Augen zu schließen, unsere Aufmerksamkeit einfühlsam nach innen zu lenken und uns auf unsere Nase zu konzentrieren.

„Wir halten jetzt in unseren Nasenlöchern inne", sagt sie ruhig, „und spüren die Luft, wie sie nach innen und außen strömt."

Nach drei oder vier Atemzügen bittet uns die Moderatorin, in unserer Vorstellung uns zu unserem Mund zu bewegen, dort eine Weile zu bleiben und die Luft zu spüren, wie sie über die Zunge streicht. Nach weiteren drei Atemzügen begeben wir uns hinunter zu unserem Hals, dann entlang der Luftröhre zum Brustkorb, zum Magen und bis zu den Oberschenkeln, die sich mit dem Atemrhythmus leicht mitbewegen. Zuletzt steigen wir in unserer Vorstellung hinab zu einer Stelle, die unterhalb unseres Körpers, unter unserem Stuhl liegt, ein Punkt, der für die Stille steht, die vor allen Worten kommt, der Punkt des inneren Zuhörens.

Wir alle verspüren nun den Geschmack der inneren Stille, des ruhigen Zuhörens, der inneren Tiefe. Für ein paar Augenblicke ist alles in und um uns herum zutiefst gegenwärtig. Natürlich hat das psychologische Denken seine Eigendynamik und Gepflogenheiten und kann nicht vollkommen ausgeschaltet werden. Doch eine

Kurzmeditation ist nicht darauf ausgerichtet, uns umzuerziehen. Sie gibt lediglich einen flüchtigen Einblick und erinnert uns: „Schau", sagt sie uns, „dies ist deine innere Stille. Genieße sie, erinnere dich mit deinem Herzen an sie."

Eine Zeitlang erleben wir die Stille mit geschlossenen Augen. Dann, ein, zwei Minuten später – nicht lange genug, um zu ermüden oder abgelenkt zu werden – erreicht die Stimme der Moderatorin erneut unsere Ohren und bittet uns, langsam zur Gruppe zurückzukehren und die Augen zu öffnen, sobald wir dazu bereit sind.

**Momente des „interpretierenden Lesens"**

Mit konzentriertem, ruhigen Geist wenden wir uns dem von der Moderatorin vorab vorbereiteten philosophischen Text zu. Für diese Sitzung wurde eine Seite aus den Schriften des römischen Philosophen Mark Aurel ausgewählt und die Gruppe liest sie nun entsprechend der Methodik des „interpretierenden Lesens": Einer nach dem anderen lesen wir wiederholt und langsam den ersten Absatz laut vor. Das wiederholte Vorlesen erzeugt einen Rhythmus ähnlich dem des Rezitierens und bereitet den Geist auf das kontemplative „in uns gehen" vor. Wir werden zusätzlich ermutigt, während des Lesens des Textes kurze Interpretationen hinzuzufügen, nicht mehr als ein paar Worte, um den Lesefluss beizubehalten.

Nach drei- oder viermaligem Lesen gehen wir über zum nächsten Absatz. Unsere Moderatorin liest immer als Erste vor. Sie kennt den Text gut und dient als „Reiseleiterin", die uns in den Text hineinführt. Sie knüpft in ihre Lesung einige kurze Anmerkungen ein oder betont bestimmte Worte und richtet auf diese Weise unsere Aufmerksamkeit auf wichtige Besonderheiten in der Ideenlandschaft des Textes.

Während des Lesens begreifen wir allmählich seine Hauptideen. Das ist eine offensichtliche Notwendigkeit – man kann sich nicht kontemplativ auf einen Text einlassen, der nicht verstanden wurde. Doch handelt es sich dabei nicht um ein bloßes intellektuelles Verstehen, denn die Übung macht unseren Geist mit wichtigen Elementen der Kontemplation vertraut, wie ein wertfreies Zuhören, mit dem Text in Einklang treten, die geistige Anspannung durch langsames wiederholendes Lesen lockern und sich tragen lassen von der „Melodie" des Lesens.

Aus diesem Grunde ist unser interpretierendes Lesen halb kontemplativ – es erfordert stilles Zuhören nach innen, aber ebenso ein gewisses Maß an methodisch strukturiertem Denken. Unsere Moderatorin ist erfahren und dank ihrer sorgfältigen fließenden Moderation erlangt unser Geist während des Lesens immer mehr an Stille und Tiefe.

Nachdem wir rund dreißig Minuten später am Ende der Seite angelangt sind, findet sich unser Geist im Einklang mit Mark Aurels Ideen und wir sind bereit für tiefer gehende kontemplative Übungen.

**Momente des „philosophischen Rezitierens"** (*Ruminazio*)

Mehrmals während der Sitzung, zwischen einer Runde interpretierenden Lesens und der nächsten, führt unsere Moderatorin die Übung „*Ruminazio*" durch, auch „philosophisches Rezitieren" genannt. Sie wählt einen Satz aus dem soeben gelesenen Absatz und einer nach dem anderen wiederholen wir diesen in einer vorher bestimmten Reihenfolge, immer und immer wieder, ohne Interpretation und ohne Unterbrechung. Die Wiederholung bildet einen Rhythmus, der die gewöhnliche Bedeutung der Wörter aufhebt, womit sie sich zu einem einzigen Klangfluss formieren, der jegliches analytische Denken zum Schweigen bringt. Bruchstücke von Ideen und Bildern schweben in unserem Geist, die Bedeutungen wachrufen, die nicht in Worte zu fassen sind, die mit einer intensiven Gegenwärtigkeit in uns nachhallen wie wertvolle Stimmen von einem anderen Ort.

## Momente des „erlesenen Sprechen" (*Precious Speaking*)

Nachdem nun die Grundideen des Textes klar und lebendig in unserem Geist sind, wird es Zeit, in die nächste Phase zu gelangen und den Ideen aus unserer inneren Tiefe zuzuhören. Zu diesem Zweck beginnt die Moderatorin mit der Übung des „erlesenen Sprechens".

Beim „*Precious Speaking*" treten wir in Resonanz mit dem Text, indem wir die in uns aufkeimenden Erkenntnissen zum Ausdruck bringen. Wir vermeiden persönliche Meinungen oder Urteile abzugeben und hören stattdessen „durch" den Text hindurch den Grundbedeutungen, die von ihm ausgehen. Ist ein tiefer philosophischer Text im Einklang mit dem menschlichen Leben im Grundsätzlichen, so drückt dieser mehr aus als die bloßen persönlichen Überzeugungen des Verfassers. Was jener Philosoph vor vielen Jahren zu Papier gebracht hat, vermag nicht nur Ausdruck seiner persönlichen Gedanken sein, sondern umfasst eine größere Bedeutsamkeit.

Unsere Moderatorin führt uns durch mehrere Gänge mit „*Precious Speaking*". Während wir den in uns auftauchenden Erkenntnissen Ausdruck verleihen und kurz und bündig sprechen – wir beschränken unsere Rede auf wenige aber eindeutige Worte – formulieren wir jedes Wort als sei es ein kostbares Kleinod. Diese Art des Sprechens beeinflusst uns tief: Es fokussiert unseren Geist und macht ihn wachsam und aufnahmefähig. Einer nach dem anderen, in freier Reihenfolge, drücken wir unsere poetischen Sätze aus und schaffen so eine Atmosphäre der Vertrautheit und Offenheit und gleichzeitig ein Zusammengehörigkeitsgefühl mit der Gruppe.

Es sind keine persönlichen Ideen mehr, die jetzt in unserer Gruppe sprechen, sondern ein Chorus menschlicher Stimmen, der über das einzelne Individuum hinausreicht. Wir geben den grundlegenden, im Leben eingebetteten

Bedeutungsebenen eine Stimme, dem Weltmeer, an dem wir stetig teilhaben, aber uns selten dessen völlig bewusst sind.

**Das Zum-Ausdruck-Bringen (*Voicing*)**
Nach etwa einer Stunde hat die Gruppe das kontemplative sich-einlassen auf bestimmte Textideen abgeschlossen. Die Moderatorin möchte uns nun mit dem Text in seiner Gesamtheit in Resonanz bringen, und dass wir uns auf eine persönlichere Weise ausdrücken. Insbesondere möchte sie dies mit einem Kernkonzept des Textes: mit Mark Aurels Begriff des „Leitprinzips" (das sich in seiner Philosophie auf den inneren Mittelpunkt von Freiheit und Vernunft des Menschen bezieht). Zu diesem Zweck beginnt sie eine Übung, das sogenannte „Zum-Ausdruck-Bringen" (oder „Voicing").

„Was bedeutet für mich das, Leitprinzip'?", fragt sie uns. Aber sie möchte nicht, dass wir mit Meinungen darauf reagieren. Stattdessen bittet sie uns, schweigend in uns hineinzuhören.

Für ein paar Augenblicke sitzen wir ruhig und horchen in uns hinein, die Augen geschlossen oder über den Text gleitend. Dann, wenn wir fertig sind, fangen wir langsam an zu schreiben, lassen dabei die Schrift aus uns herauskommen, sodass wir unserer inneren Tiefe Ausdruck verleihen. Soweit möglich, versuchen wir kurze Sätze kompakt und poetisch zu erstellen.

Schreiben mit einem kompakten dichterischen Stil lenkt die Gedanken hin zu einer behutsam konzentrierten Aufmerksamkeit für Bedeutungen und Bilder. Das behutsame Schreiben (*gentle writing*), wie auch die innere Suche nach zutreffenden Worten steigern den Sinn für Kostbarkeit und Echtheit. Manchmal fühlen wir uns, als schrieben wir, was uns eine innere Stimme vorschreibt. Kein Wunder, dass die Übung des „Zum-Ausdruck-Bringen" oft der wichtigste Punkt der Sitzung ist.

Nachdem wir das Schreiben beendet haben ruhen wir uns ein wenig aus. Ermüdet von der langen Zeitspanne der Aufmerksamkeit wissen wir, dass sich die Sitzung zu ihrem Ende kommt. Wir überprüfen, was wir geschrieben haben – oder besser, was unsere innere Tiefe geschrieben hat – und teilen dies mit der Gruppe, indem wir unsere poetisch-philosophischen Zeilen laut vorlesen.

**Ein wertvoller Augenblick**
Zuvor, etwa nach der Hälfte der Sitzung, erlebte ich, was wir einen „wertvollen Augenblick" nennen. Als unsere Gruppe Mark Aurels Text interpretierend las, merkte ich wie es näherkam. Also gab ich meine inneren Widerstände auf und machte in mir Platz für einen kleinen Raum des Zuhörens. Ich ließ meinen Geist entspannen und meine Augen glitten über die Zeilen. Sacht genoss ich die von meinen Gefährten vorgelesenen Worte. Sie hallten tief in mir und um mich herum wider, und ich ließ sie sprechen, ohne dazwischenzufahren.

Plötzlich umhüllte mich eine starke Gegenwärtigkeit, weit und sanft und leise, jedoch überbordend an Bedeutungsinhalten. Sie stieg aus den Worten des Textes empor, löste meine Beschränkungen auf. Dahin war die scharfe Grenze zwischen dem, was in meinem Inneren und dem was in meinem Äußeren liegt, zwischen meinen eigenen Gedanken und Ideen von außen. Für einen Augenblick wurde ich Teil von etwas mit gewaltigem Ausmaß, eine kleine Welle in einem großen Meer. Ich verstummte – Wellen sprechen nicht über das Meer.

Die Worte in unserem Raum waren nicht mehr nur unsere eigenen – sie gehörten zu einer größeren Unendlichkeit. Und der Text war nicht mehr nur von Mark Aurel, auch wenn seine Hände ihn vor Jahrhunderten zu Papier gebracht hatten. Er hatte lediglich niedergeschrieben, was ihm sein Geist vermittelt hatte. Schließlich war er ein Philosoph und besaß die Geistesgröße, all dies wahrzunehmen und in eine menschliche Sprache zu übersetzen.

Wertvolle Bedeutungen, die mich von den entferntesten Horizonten erreichten, klangen in mir; ich trank von ihnen und löschte mein Verlangen.

**„Was nehme ich aus der Zusammenkunft mit?"**

Während sich die Sitzung ihrem Ende nähert, beginnt sich die vertiefte Atmosphäre aufzulösen. Alle sind wirklich erschöpft. Es ist Zeit zum Entspannen, sich zu fassen und nachzudenken, was geschehen ist.

Die Moderatorin teilt das Ende der kontemplativen Sitzung mit und bittet uns, einen kurzen Moment zurückzublicken und die Sitzung zu reflektieren. Sie schweigt ein, zwei Minuten und spricht dann erneut. „Bitte teilt uns mit, was Ihr aus der Sitzung mitnehmt – eine Einsicht, eine Erfahrung, eine Frage, die offen bleibt ..."

Es fällt schwer, eine solche Frage entsprechend zu beantworten. Kontemplation ist nicht dazu konzipiert, ein Ergebnis oder eine Schlussfolgerung zu liefern. So wie ein Konzert, ist eine kontemplative Sitzung bedeutungsvoll, während des Vorganges – nach Beendigung jedoch hinterlässt sie nichts, was man nach Hause nehmen könnte. Trotzdem hilft der Versuch, die vergangenen Augenblicke in Worte zu fassen, um das Geschehene zu verarbeiten und es erlaubt uns, unsere Gefährten an unseren Erfahrungen teilhaben zu lassen.

Einer nach dem anderen spricht kurz, während die anderen zuhören, zustimmend nicken, lächeln oder nachdenken. Nachdem gesagt wurde, was es zu sagen gab, ist die Zusammenkunft vorbei, aber für ein paar Augenblicke bleiben wir noch stillsitzen. Dann schauen wir uns alle an, lächeln und verabschieden uns voneinander ohne viele Worte.

## Kapitel 3

# BETRACHTUNGEN ZUR BEDEUTUNG VON DEEP PHILOSOPHY

**Warum Deep Philosophy?**
„Was kann mir Deep Philosophy geben?", könnte man sich fragen. „Wie kann sie meine Wünsche zufrieden stellen?"

Hinter dieser Frage steckt eine falsche Annahme, die voraussetzt, dass etwas nur dann wertvoll ist, wenn es einen vorhandenen Wunsch befriedigt.

Die Philosophie muss jedoch keine bestehenden Wünsche befriedigen, um wertvoll zu sein – eher noch kann sie neue Wünsche und Bedürfnisse auslösen und ruhende Sehnsüchte wecken, größer als diejenigen, die wir bereits fühlen. Sie kann latent vorhandenes Empfindungsvermögen aktivieren oder neue, tiefere Erkenntnisse fördern. Auch kann sie unsere alten Wünsche hinterfragen und mit der möglichen Einsicht ihrer Trivialität oder Bedeutungslosigkeit mag sich der Wunsch entwickeln, sie zu überwinden.

Jemand der fernsehsüchtig ist könnte fragen: „Wer braucht Gedichte? Können sie mir die Unterhaltung und Ablenkung geben, die ich jeden Abend aus dem Fernsehen erhalte? Wenn nicht, wozu sind sie dann gut?"

Ein habgieriger Geschäftsmann könnte fragen: „Wer braucht Tolstoi oder Platon? Wie viel Geld kann ich mit ihnen verdienen? Keines? Nun denn, warum sich dann für sie interessieren?"

Was können wir solchen Leuten entgegenhalten? Wenn sie nie Erfahrungen höherer Sinngehalte erlebt haben, würde eine theoretische Erläuterung nicht weiterhelfen.

Die Frage ist deshalb nicht, welche Wünsche Deep Philosophy befriedigt, sondern welche höheren Wünsche und Sehnsüchte sie in uns aufwerfen kann, welches höhere Empfindungsvermögen sie fördern, welche „Augen" sie öffnen kann. Die Frage ist, zusammenfassend, welche höheren Dimensionen der menschlichen Existenz sie zu offenbaren vermag.

Man mag sich vielleicht fragen, welche sind diese höheren Dimensionen, auf die Deep Philosophy hinzuführen verspricht?

Aber dies vermag man niemandem zu erklären, der sie nie erlebt hat, außer vielleicht durch schwammige Metaphern oder Erläuterungen, die sich im Kreis drehen, ohne etwas zu erklären. Wie lässt sich jemandem die Bedeutung von Dichtung, klassischer Musik oder philosophischer Kontemplation darlegen, der niemals Kontakt damit hatte?

Die passende Antwort ist: Komm und praktiziere mit uns, mach die Erfahrung der Kontemplation aus erster Hand, danach wirst Du weitersehen.

**Deep Philosophy produziert nichts**

Welche Art von Ergebnissen sollte man erwarten können, dass Deep Philosophy sie produziere?

Keine. Deep Philosophy ist nicht dafür konzipiert, etwas zu liefern – keine neue Theorie oder neues Wissen, keine Selbsterkenntnis, keinen Frieden, keine angenehmen Erlebnisse oder neuartigen Fähigkeiten. Zweifelsohne gibt es dennoch Resultate nach verschiedenen Kontemplationssitzungen – innere Stille, inspirierende Einsichten, erhöhte Feinfühligkeit – aber dies sind Nebenprodukte, nicht das eigentliche Ziel selbst.

Das Praktizieren von Deep Philosophy ähnelt der Liebe: man küsst den Geliebten nicht, um etwas für sich zu erhalten, sondern *aus* Liebe. Genauso hört man Musik, nicht um etwas zu erreichen, sondern aus Liebe zur Musik. Wir betreiben Deep Philosophy aus Liebe, Sehnsucht, Staunen.

Die Welt in der wir heute leben, wird von einem pragmatischen Geist dominiert, der Produkten huldigt, die Bedürfnisse und Wünsche befriedigen. Deep Philosophy widerspricht diesem Trend. Sie strebt nicht danach, den Menschen zufriedenzustellen, sondern ihn bei elementaren Fragen wachzurütteln, ihn aus dem Gleichgewicht zu bringen und so Staunen und Sehnsüchte auszulösen.

Für uns sind die grundlegenden Lebensfragen keine praktischen Probleme, die gelöst werden müssen, sondern Quell unerschöpflicher Bedeutungsebenen des Lebens. Diese können niemals abschließend gelöst werden. Wir wählen daher für das kontemplative in uns gehen jene besonderen Texte aus, die Lebensfragen in ihrer nie versiegenden Komplexität aufwerfen. Im Rahmen diese Texte können wir mit nach innen gewandter Aufmerksamkeit den Bereichen der tieferen menschlichen Wirklichkeit Gehör schenken. Man könnte sagen, dass wir eine Offenheit gegenüber diesen tieferen Bereichen fördern wollen – und dies trifft im Allgemeinen zu, sofern wir dies nicht als unser Endziel betrachten. Ein einmal als Grundsatz ausgesprochenes Endziel neigt dazu, sich zu einer toten Ideologie zu verhärten. Wir hingegen üben uns in der Kontemplation, lediglich um das Staunen und unsere Sehnsucht lebendig zu erhalten.

**Performative Philosophie**

„Ich nahm an einer Sitzung von Deep Philosophy teil und am Ende der Sitzung hatte ich keinerlei neues Wissen erlangt!"

„Vergiss das Ende der Sitzung – schau auf die Sitzung in ihrer Gesamtheit, Moment für Moment! War sie sinnvoll?"

Traditionell philosophieren Philosophen, um zu einer Schlussfolgerung zu gelangen – eine neue These, eine Auslegung, ein Nachweis. Am Ende ihrer Untersuchung bringen sie ihr Ergebnis zu Papier und zeigen es in Form einer Abhandlung, die von einem Leser zum anderen weitergereicht wird.

Aber muss das Philosophieren zu einem Abschluss kommen, um einen Wert zu besitzen?

Wenn wir zu einem Vortrag gehen, hoffen wir, mit neuem Wissen nach Hause zu gehen, aber wenn wir ein Konzert besuchen, erwarten wir nicht, mit etwas nach Hause zu kommen, das wir nicht zuvor schon besessen hätten. Bei einem Konzert hören wir jeden Augenblick bewusst der Aufführung zu, doch sobald die Lichter wieder angehen, und ungeachtet einiger tiefer Erlebnisse, verbleiben uns keine Rückschlüsse in unserem Besitz. Wir fahren mit leeren Händen nach Hause – und dennoch bereichert. Musik ist bedeutungstragend, so wie Ballett oder Kino, nicht wegen dem, was sie liefern, sondern wegen dem, was sie während der Vorstellung sind.

Diese Tätigkeiten können „performative Aktivitäten" genannt werden. Und ebenso gibt es eine *performative Philosophie*. Sie ist eine philosophische Betätigung, die bedeutungsvoll ist, während sie stattfindet. Der philosophische Moment an sich ist bedeutsam, obwohl er die Teilnehmenden nicht unbedingt mit neuen philosophischen Erkenntnissen versorgt, die man mitnehmen könnte.

Aber weshalb ist Deep Philosophy eine performative Art der Philosophie? Wie kommt es, dass sie kein Endergebnis erschafft – eine neue Theorie, eine Idee, ein Stück Erkenntnis?

Unser involviert-sein bei der Kontemplation, wie auch bei der Musik, ist nicht etwas, was man mit Beschreibungen oder Theorien erfassen könnte. Theorien kann man mit nach Hause nehmen, aber die wertvollen philosophischen Erkenntnisse, die wir während einer Sitzung erleben, können nicht in Sätzen erschlossen werden. Sie können gar nicht konserviert werden – sie leben nur im jeweiligen Moment.

**Das Bestreben von Deep Philosophy**

Wir betreiben philosophische Kontemplation, weil wir nach der Ausgangsbasis des Daseins suchen. Der Philosophie geht es letztlich um die grundlegendsten Fragen des Lebens und der Wirklichkeit. Wir streben danach, eine enge Verbindung mit dem Fundament zu erreichen.

Das ist eine gewaltige Aufgabe, nobel und inspirierend, vielleicht zu vermessen, um vom Menschen vollkommen verwirklicht werden zu können. Und dennoch haben wir Menschen im Laufe der Geschichte versucht, sie zu bewältigen – mittels spiritueller Meditation, Ritualen und Mythen, Musik und Gebeten und mitunter mit Philosophie. Unser Weg ist jener der Philosophie, weil wir danach trachten, nicht nur Empfindungen zu spüren, sondern auch zu verstehen – nicht nur emotional berührt zu werden, sondern auch zu kommunizieren. Mittels philosophischen Verständnisses kommen wir in einen Dialog mit den grundlegenden Bedeutungsebenen des Daseins oder was wir „Stimmen der Wirklichkeit" nennen.

Natürlich stehen wir jederzeit mitten in der Wirklichkeit, mit oder ohne Deep Philosophy. Wir sind immer Wellen eines Weltmeeres. Aber durch das Philosophieren wird diese Beziehung ausdrücklich, wir lassen sie in uns sprechen und uns von ihr inspirieren. Durch unser kontemplatives in uns gehen bringen wir unsere Begegnung mit der Realität zum Ausdruck, erwidern sie, veredeln und bereichern sie.

Als einfaches Individuum kann ich dies jedoch nicht umfassend erfüllen. Ich bin stets Teil der historischen Auseinandersetzung zwischen Menschheit und Wirklichkeit. Und so wie ich mich auf meine deutsche Sprache verlassen muss (oder irgendeine andere Sprache, die ich spreche), um mich mit meinem Nächsten zu verständigen, so muss ich der „Sprache" vertrauen bei der Begegnung zwischen Menschheit und Fundament. Jede Beziehung, die ich mit der Wirklichkeit eingehen könnte, muss vor dem Hintergrund geschichtlicher Beziehungen erfolgen. Ich bin nichts anderes als ein kleiner Augenblick in einer endlosen Liebe in der Geschichte zwischen Menschheit und Fundament.

Das ist der Grund weshalb wir uns in Deep Philosophy auf Schriften früherer Philosophen beziehen. Wenn wir teilhaben wollen an der Begegnung der Menschheit mit der Wirklichkeit, müssen wir eine geschichtliche Perspektive einnehmen. Historisch philosophische Texte sind Teil des permanenten Dialogs, dem wir zugehörig sein möchten. Wenn wir in den Dialog mit grundlegenden Bedeutungsebenen treten möchten, müssen wir dies in Gesellschaft historisch menschlicher Stimmen tun.

**Die Nicht-Theorie von Deep Philosophy**

Deep Philosophy ist nicht einfach eine Methode – sie basiert auch auf einem Netzwerk theoretischer Ideen in Bezug auf den Sinngehalt dieser Methodik. Dennoch ist dieses Ideennetzwerk nicht gleichbedeutend mit einer Theorie.

Eine Theorie ist ein übersichtlicher Plan eines vorgegebenen Gegenstandes, während die Ideen von Deep Philosophy ein fassettenreiches Netzwerk darstellen, das nicht dazu gedacht ist, auf eine organische Abbildung reduziert zu werden.

Darüber hinaus bezieht sich eine Theorie einer praktischen Methode *auf* die Methodik, unabhängig von der praktischen Anwendung und verkörpert sie von außen, wohingegen die Ideen von Deep Philosophy Teil der praktischen Anwendung selbst sind. Sie werden in unseren Sitzungen als Übungsmaterial eingesetzt, als handle es sich um Texte, auf die wir kontemplativ eingehen und sie auch verändern können.

Während eine Theorie eine feststehende Struktur ist, befinden sich die Ideen von Deep Philosophy immer im Prozess des Umschreibens. Unsere „theoretischen" Ideen sind Saatgut, die wir mithilfe unserer Kontemplation entwickeln und aus denen sich unsere künftigen Methoden entwickeln werden.

Darüber hinaus – eine Theorie zieht Grenzen zwischen wahr und falsch oder dem was akzeptabel und dem was nicht akzeptabel ist – stellen die theoretischen Ideen von Deep Philosophy keine Begrenzungen dar, sondern sind Stimmen, denen man antwortet und mit denen man in Resonanz tritt. Sie sind wie musikalische Phrasen improvisierten Jazz, die den Ton, die Tonart und den Rhythmus bestimmen, und die anderen Musiker dazu einladen, selbst kreativ zu antworten. Sie geben keine zu befolgende Regel vor, lediglich einen fortzusetzenden Ausgangspunkt in Übereinstimmung mit dem Gefühl, das einen mitreißt.

Deshalb erlauben wir in Deep Philosophy die Vielfalt und wir ermutigen sie, sowohl in der praktischen Anwendung als auch bei den Betrachtungen über sie – nicht, weil wir so tolerant sind, sondern weil unsere Begegnung mit der existenziellen Wirklichkeit nichts Geringeres sein kann als eine Polyphonie vieler menschlicher Stimmen.

**Eine philosophische Theorie als Tür zu einer Welt**

Eine philosophische Theorie stellt ein Netzwerk von Ideen dar, konzipiert um einige grundlegende Aspekte unserer Welt zu verkörpern (oder „zu erfassen"). Aber für uns ist eine philosophische Theorie, wenn sie tiefgründig ist, mehr als eine begriffliche Wiedergabe oder ein intellektueller Gegenstand. Sie drückt eine Welt grundlegender Bedeutungsebenen aus. Und, noch wichtiger, sie gibt uns die Möglichkeit, in sie einzutreten.

Wir Menschen haben eine wunderbare Fähigkeit, in wechselnde Welten vorzudringen. Wenn wir einen Roman lesen, steigern wir uns mit unserer Vorstellungskraft in dessen fiktive Welt hinein, die er beschreibt. Wir identifizieren uns mit manchen der Charaktere, wir lieben ein paar von ihnen und freuen uns über ihr Glück und sind betrübt über ihr Pech, wir verspüren Angst oder Hoffnung je nach Ereignis, als lebten wir selbst in dieser Welt. Zwar werden wir von dieser nie vollständig vereinnahmt und vergessen nicht, dass der Roman eine Fiktion ist, dass wir in unserem Sessel sitzen mit einem Buch in der Hand. Trotzdem und dank unserer besonderen geistigen Fähigkeit, betreten wir diese Romanwelt bis zu einem gewissen Grad.

Auf ähnliche Weise können wir die Welt eines Films betreten oder die Welt eines Monopoly-Spiels und starke Gefühle entwickeln, die mit den in diesen Welten stattfindenden Ereignissen in Zusammenhang stehen, als ob sie uns tatsächlich widerfahren würden.

Etwas Vergleichbares ereignet sich bei der Textkontemplation, wenn wir in eine philosophische Welt eintreten – die vom Text beschriebene Welt – und sie von innen erkunden. Wir denken nicht einfach „über" sie nach, sondern vergegenwärtigen sie und treten in sie ein. Dennoch gibt es hier einen wichtigen Unterschied. Anders als die Welt eines Romans oder eines Films ist die Welt, in die wir bei der philosophischen Kontemplation eintreten, nicht aus bestimmten Dingen zusammengesetzt – Gegenständen, Leuten, Städten, Ereignissen usw. – sondern aus allgemeinen Ideen oder Konzepten oder genauer: aus Bedeutungsebenen. Wenn der Text, auf den wir uns kontemplativ einlassen, wirklich philosophisch ist, dann besteht die von ihm dargestellte Realität aus existentiellen Bedeutungsebenen oder dem, was wir „Stimmen der Wirklichkeit" nennen.

Damit dies gelingt, müssen wir den entsprechenden Geisteszustand und die entsprechende Grundhaltung bewahren. Wir dürfen uns nicht auf die Ideen des Textes als Ideen fokussieren, sondern durch sie „hindurchschauen" bis in die Welt der Bedeutungen hinein, die diese ausdrücken. Tun wir dies, dient der philosophische Text als Tür, durch die wir in eine fundamentale Wirklichkeit eintreten und in sie eintauchen, so wie eine Welle im Meer zerfließt.

**Texte für die Kontemplation**

Nicht alle philosophischen Texte sind gleichermaßen zur Kontemplation geeignet. Zur Kontemplation muss ein Text in dem Sinne tiefgründig sein, dass er jenseits abgrenzbarer Ideen ausgerichtet sein muss und daher nicht in einer Zusammenfassung eingefangen oder erschöpfend beschrieben werden kann. Je mehr wir uns in ihn vertiefen, desto mehr offenbart er neue Facetten und legt neue und tiefe Bedeutungsebenen vor.

Selbst wenn sich der Text für die Kontemplation eignet, kann er uns seine Tiefe offenbaren oder auch nicht, abhängig von unserer Einstellung und unserem Bewusstseinszustand. Wir werden seine Tiefe wahrscheinlich nicht entdecken, wenn wir versuchen, ihn wie externe Beobachter verstandesmäßig zu analysieren. Wir müssen hingegen in die Welt des Textes einsteigen, mit ihr von innen in Beziehung treten, indem wir unseren normalen Bewusstseinszustand so ändern, dass wir uns dem inneren Zuhören öffnen. Das, was wir beim kontemplativen Einlassen auf einen Text tun.

Aber nicht jeder Text ermöglicht es uns, sich ihm durch inneres Zuhören anzunähern. Wenn der Text eine Welt von Gegenständen beschreibt, nötigt er mich, ein externer Beobachter zu bleiben – ich kann nicht von innen heraus über einen Gegenstand nachdenken. Texte, die also zu sachlich sind oder auf Fakten beruhen, die sich auf Konzepte oder klar abgrenzbare Daten reduzieren lassen, eignen sich nicht zur Kontemplation. Zur Kontemplation muss uns der Text eine neue Weltordnung vorstellen, die nicht durch die übliche Struktur von Subjekt und Objekt bestimmt wird, von Beobachter und Beobachtetem, Denker und Ideen. In einen solchen Text vorzudringen bedeutet, eine Welt zu betreten, in der ich nicht länger ein psychologisches Subjekt bin, das „über" Dinge nachdenkt. Und nur dadurch bin ich nun zur Welle im Weltmeer geworden.

**Die Polyphonie philosophischer Schriften**
In Deep Philosophy interessieren uns alle philosophischen Schriften, solange sie sich auf die Tiefe des Lebens beziehen. Wir haben wenig Interesse an intellektuellen Methoden, die ihre Wurzeln des gelebten Lebens vergessen, selbst wenn sie als philosophisch gelten.

Wonach wir in einem Text suchen ist Tiefe, nicht objektive Richtigkeit. Und Tiefe ist in erster Linie eine Frage dessen, woher der Text kommt – mit seinen Wurzeln in den grundlegenden Bedeutungsebenen der menschlichen Wirklichkeit und das Zeugnis, das dieser ablegt für die unerschöpflichen, ihnen erwachsenden Bedeutungen. Für uns ist die Quelle, der Ursprung eines Textes von größerer Wichtigkeit als das, wovon er handelt, oder das, was er darüber aussagt.

Wenn wir kontemplativ in einen Text einsteigen, ist es für uns nicht von Bedeutung, mit dem Inhalt übereinzustimmen oder ihm zu widersprechen, wir urteilen nicht über seine Richtigkeit oder Falschheit. Wir akzeptieren tiefgründige Texte als Zeugnisse des menschlichen Lebens – so wie ein Lied Zeugnis des Musikers ist, der es komponiert hat oder es singt. Wir akzeptieren sie als Ausdruck der reichen Vielfalt an Stimmen menschlicher Wirklichkeit – einige klarer und einige überschattet, einige mehr direkt und entschlossen und andere weniger.

Diese Stimmen der Tiefe mögen sich in den verschiedenen philosophischen Schriften unterschiedlich darstellen, doch selbst dann stehen sie nicht miteinander im Widerspruch. Sie ähneln den verschiedenen Klängen, die dem Rauschen eines Waldes entspringen: das Pfeifen des Windes in den hohen und niedrigen Wipfeln der Bäume, das Raunen in den Blättern der großen Laubbäume und das Rascheln der kleinen trockenen Blätter, das Knarren der Baumstämme, das Poltern der auf den Boden fallenden Äste. Der Wald beschränkt sich nicht nur auf ein Geräusch. Die Polyphonie der philosophischen Stimmen, beziehungsweise die der menschlichen Wirklichkeit, ist wie die Polyphonie des Waldes. Es gibt Platz für alle Stimmen, nebeneinander und miteinander bereichern sie sich gegenseitig.

In Deep Philosophy sind wir bemüht, uns diese existentiellen Stimmen zu vergegenwärtigen, die aus den tiefgründigen philosophischen Texten zu uns sprechen und die die Basis all dessen darstellen, was in der menschlichen Wirklichkeit bedeutungsvoll ist. Wir streben danach, bei diesem großartigen polyphonischen Konzert mitzuwirken und davon Teil zu werden.

**Die Macht des Philosophierens**

Im Laufe der Geschichte haben uns viele Philosophen erzählt, dass die Philosophie uns wandeln könne. Für Platon zerrt uns die Philosophie aus der Höhle, in der wir gefangen sind. Für die stoischen Philosophen hilft die Philosophie, unser wahres Selbst zu wecken – das „Leitprinzip", das uns leitet auf den Wegen der Vernunft, der inneren Freiheit, der Ausgeglichenheit und Harmonie mit dem Kosmos. Für Spinoza gelangt man durch das Philosophieren zur stillen Weisheit, die die geistige Liebe zu allem (oder zu Gott) ist. Nietzsches poetische Philosophie beflügelt uns, unser kleines Ich zu überwinden. Bergsons Philosophie lehrt uns, die ganzheitlichen Merkmale unseres Bewusstseins zu bemerken, die uns normalerweise entgehen. Und die Aufzählung ließe sich weiter fortsetzen.

Dies mag befremdlich erscheinen. Die Philosophie wird gewöhnlich als das Studium abstrakter universeller Ideen angesehen, weit entfernt von unseren Alltagssorgen. Wie könnte sie also unser greifbares Leben beeinflussen?

Die Geschichte der Philosophie zeigt uns mindestens zwei mögliche Wege auf. Einer ist der Weg der angewandten Philosophie: Der Philosoph erörtert die vorliegenden Themen im Abstrakten, gelangt dann auf Basis des Abstrakten zu einer Schlussfolgerung und wendet sie danach in konkreten Situationen an. Das Philosophieren bleibt dabei eine abstrakte Erforschung, verstandesmäßig ausgeführt im Arbeitszimmer des Philosophen. Die Schlussfolgerungen werden erst dann ins konkrete Leben transportiert, nachdem die Untersuchung abgeschlossen ist.

Der zweite Weg ist direkter: Die Philosophie kann uns beeinflussen im Moment, in dem sie stattfindet, da uns die philosophische Tätigkeit an sich und nicht nur ihr Endergebnis, inspirieren kann. Sie hat die Kraft, unser inneres Feingefühl zu wecken und uns den tieferen Aspekten des Lebens zu öffnen. In der Tat haben verschiedene Philosophien im Verlauf der Jahrhunderte praktische Wege entwickelt, diese Kraft zu aktivieren, wie z.B. die Übungen der Stoiker zur Vorstellungskraft, die Meditationen der Neoplatoniker, die dichterischen Schriften der Philosophen der Romantik und dergleichen mehr.

Auch Deep Philosophy schlägt diesen zweiten Weg ein. Bei ihr ist das Erforschen philosophischen Ideengutes Teil des kontemplativen Vorgangs. Das Philosophieren wirkt sich auf uns aus, weil das kontemplative in uns gehen auf uns einwirkt, da beide in einem Ablauf verschmolzen sind. Durch unsere kontemplativen Übungen wirken Ideen aktiv in unserer inneren Tiefe, inspirieren uns und verändern uns.

## Kapitel 4

# ERLEBNISHAFTES VERSTEHEN

Die philosophische Kontemplation, die vorrangige Betätigung von Deep Philosophy, ist eine sowohl auf den Verstand bezogene Form von Philosophie als auch die erfahrungsorientierte. Durch die Kontemplation erhalten wir auf der einen Seite Erkenntnisse über das Leben oder uns selbst, auf der anderen Seite bringen diese Erkenntnisse tiefgehende Erfahrungen mit sich, oft in Gestalt eines intensiven Gefühls von Kostbarkeit und Echtheit. Tatsächlich gibt es während dieser kraftvollen Momente der Kontemplation keine klare Unterscheidung zwischen dem Element des Erlebens und dem Element des Verstehens, beide vermischen sich miteinander.

Man kann das Ergebnis „erlebnishaftes Verstehen" nennen und es schließt mehrere typische Arten von Erfahrungen ein.

**Die Erfahrung wertvoller Einsichten**

Wenn wir einen philosophischen Text kontemplativ betrachten, ob in einer Übung während eines stattfindenden philosophischen Meetings oder zufällig, beim ruhigen und aufmerksamen Lesen eines Textes, kann es passieren, dass uns plötzlich eine stille Gegenwärtigkeit umfasst. Während wir die Worte auskosten, können unbekannte Erkenntnisse unseren Geist durchwehen, begleitet von einem Gefühl von Wichtigkeit. Vielleicht verfügen wir nicht über passende Worte, um das Erlebte zu beschreiben, aber wir spüren es unverkennbar als zutiefst bedeutungsvoll.

Dieser Geisteszustand ist all jenen bekannt, die Textkontemplation der verschiedensten spirituellen Traditionen rund um die Welt praktizieren. Ihnen gemeinsam ist die Feststellung, dass das Lesen eines Textes mit einer besonderen Art von geistiger Aufmerksamkeit bedeutungsvolle Erkenntnisse auslösen kann. Die christliche *Lectio Divina*, eine gegliederte Technik des Lesens christlicher Schriften, ist ein solches Beispiel.

Traditionell werden solche Erlebnisse mit religiösen Deutungen erklärt – „Ich hörte das Wort Gottes", „Der Heilige Geist sprach in mir" usw. Doch wenn man diese religiösen Mutmaßungen zur Seite schiebt, verbleibt eine schlichte, einfache Grundidee: Ein stilles aufmerksames Lesen tiefer Texte kann neue Erkenntnisse erzeugen, die schwer in Worte gefasst werden können, jedoch zutiefst bedeutungsvoll sind.

Wenn dies passiert, wird uns deutlich, dass wir etwas von besonderer Bedeutsamkeit miterleben. Wir haben nicht einfach nur ein gutes Gefühl oder interessante Gedanken, sondern nehmen etwas Wesentliches wahr, das uns inspiriert, aufweckt und sensibilisiert.

Solch tiefe auf Erfahrung beruhende Erkenntnisse deuten uns das Vorhandensein einer Dimension unseres Seins an, die gewöhnlich latent ruhend und verborgen ist oder die wir die innere Tiefe nennen. Haben wir einmal ihr Erwachen erlebt – nicht unbedingt auf überwältigende Art, eher auf subtile Weise – wird uns deutlich, dass es Bereiche im Leben gibt, mit denen wir gewöhnlicherweise nicht in Kontakt kommen. Etwas äußerst Wertvolles versteckt sich unter der Oberfläche unseres täglichen Lebens und ist dennoch in Reichweite. Wir möchten es erneut erleben, erforschen, die neuen Horizonte miterleben, die es erschließt. Das ist es, was uns antreibt, Deep Philosophy weiter zu praktizieren.

## Das Erlebnis einer Blase

Als Philosophen der Tiefe suchen wir wertvolle Erkenntnisse auch über den begrenzten Zeitraum einer Kontemplationssitzung hinaus. Es kann tatsächlich inmitten unserer normalen täglichen Tätigkeit passieren, dass eine spontane „Blase" der Erkenntnis aus unserer inneren Tiefe aufsteigt, die wir als wertvoll und bedeutend wahrnehmen.

Dies erfahren viele von uns, obwohl dem nur Wenige die Aufmerksamkeit entgegenbringen. Die Erfahrung ist nicht unbedingt spektakulär – sie kann auch kaum spürbar sein, aber sie ist irgendwie anders und wir können sie bis zu einem gewissen Ausmaß bewundernd wertschätzen. Wenn sie sich uns präsentiert, spüren wir vielleicht, dass wir ein Juwel einer Erkenntnis erhalten haben.

Ich habe das Verb „erhalten" verwendet, weil es sich nicht um ein Ergebnis unseres eigenen aktiven Denkens handelt, sondern weil dies zu uns kommt wie ein ungeladener Besuch. Diese kleine neue Erkenntnis nimmt in unserem Bewusstsein unerwartete Gestalt an – als käme sie von anderswo. Wir fühlen, dass eine in uns verborgene Quelle, jenseits unserer üblichen Denkmuster, jenseits des Bereichs des uns vertrauten Geistes, diese neue Erkenntnis erzeugt hat. Wir nennen sie „eine Blase der Erkenntnis" oder einfach nur „Blase", weil sie wie eine winzige Luftblase aus der dunklen Tiefe eines Sees an die Wasseroberfläche steigt.

Es ist nicht einfach, etwas über solche Blasen zu sagen, weil sie schwer in Worte zu fassen sind. Wenn wir sie zu beschreiben versuchen, scheinen unsere Beschreibungen ihren Kern zu verfehlen. Um ein Beispiel aus meiner eigenen Erfahrung zu geben, könnte ich sagen: „Eine Heuschrecke wandte sich mir zu und plötzlich traf mich die Erkenntnis, dass wir beide, das Insekt und ich, zum selben Fluss des Lebens gehören". Diese Worte klingen jedoch wie Floskeln. Sie erfassen nicht die Empfindung des von mir erlebten Wunders, noch das Wertvolle der Erkenntnis. Ich habe etwas

Wertvolles empfangen, doch sobald ich versuche, dieses in Worte zu fassen, verflüchtigt es sich.

Jeder, der sich an ein Erlebnis solcher Blasen erinnert, weiß, dass ihre Bedeutung oder Kostbarkeit nicht mit Worten erfasst und ausgedrückt werden kann. Zweifellos ist das, was an einer Blase wertvoll und bedeutungsvoll ist nicht nur ihr geistiger Inhalt, sondern auch, wie, wo und von wo in uns sie kommt. Durch sie spricht eine unbeschreibliche Dimension unseres Seins, eine, die nicht in gewöhnliche Gedanken transportiert werden kann.

Manch einer könnte versucht sein, seine Blase als etwas zu interpretieren, das ihm durch eine fremde Intelligenz oder ein höheres Wesen „eingegeben" wurde, besonders wenn jemand zu religiösen oder metaphysischen Annahmen neigt. Aber wir brauchen keinen Mutmaßungen über die Quelle dieser Erfahrung nachzugehen. Die Angelegenheit hier ist viel bescheidener: Das Erlebnis der Blase lehrt uns, dass es Bereiche unseres Seins gibt, die gewöhnlich untätig ruhen und die nur in seltenen Augenblicken erwachen. Offensichtlich gibt es Quellen erfahrungsbezogener Erkenntnisse in uns, die über das verstandesmäßige Gedankengut hinausgehen.

**Ideen von andernorts**

Es wird oft davon ausgegangen, dass sich alle Gedanken ähneln – Gedanken eben. Vermutlich entstehen sie alle in unserem Kopf im Wesentlichen auf die gleiche Weise, durch die gleiche Denkfähigkeit, was immer das sei. Doch wenn wir unsere Aufmerksamkeit unserem Denken widmen, den Merkmalen unserer Gedanken, wie sie in unserem Kopf erscheinen, entdecken wir, dass sie nicht alle gleich sind.

Die „Blasen" von Einsichten lehren uns eine wichtige Unterscheidung zwischen Gedanken, die wir als von uns selbst erzeugt erleben und jenen Gedanken, die wir als jenseits der Hoheitsgewalt des Ichs, in uns eindringend verspüren.

Gedanken der ersten Art sind so herkömmlich, dass wir uns kaum die Mühe machen, über sie nachzudenken. Sie umfassen Gedanken, die von unserem bewussten Bemühen zu Denken erzeugt werden, aber auch geistesabwesende Gedanken, Gedanken, die im Mittelpunkt der Aufmerksamkeit stehen und solche, die Teil des Gemurmels im Hintergrund sind, das meistens im Kopf summt. Keiner dieser Gedanken überrascht uns – wir sagen anstandslos, dass so ein Gedanke *mein* Gedanke ist und dass ich ihn selbst kreiert habe. Ihre Eigenschaft „meins" zu sein entspricht ungefähr der Art, in der ich meine Handbewegungen erlebe – die, die ich willentlich ausübe, ebenso wie die, die ich unbedacht mache. In beiden Fällen erlebe ich sie als mein eigenes Tun, im Unterschied zu einem unfreiwilligen Zucken, das ich wie ein mir auferzwungenes, selbsttätiges Handeln meines Körpers erlebe.

Im Gegensatz dazu manifestiert sich in besonderen Momenten in meinem Kopf ein Gedanke, als käme er von andernorts. Ein naheliegendes Beispiel ist eine „Blase", die unerwartet in meinem Kopf auftaucht, wie zuvor beschrieben. Aber dies ist nicht das einzige Beispiel. Ein anderes Beispiel ist das des inspirierten Schreibens, wenn sich die Worte im Kopf des Schriftstellers wie von selbst formulieren und sich manchmal sogar dem Geist aufdrängen und ihn durchdringen. Solche Erfahrungen sind nicht das Gleiche wie unvorhergesehene einmalige Blasen der Erkenntnis, aber sie kommen zum selben Schluss: Einige unserer Ideen entwickeln sich aus einer besonderen Dimension unseres Seins heraus, die sich von der Quelle des gewöhnlichen Denkens unterscheidet. Anders als gewöhnliche Gedanken stehen sie nicht unter der Kontrolle des Ichs, aber im Unterschied zu zwanghaften Gedanken drängen sie sich uns nicht gewaltsam auf. Im Gegenteil, sie führen uns ein Gefühl von Kostbarkeit, Freiheit und Fülle zu.

Was ist diese verborgene Quelle an Ideen in uns? Was immer sie ist, wir nennen sie unsere „innere Tiefe". Obgleich dies eine Metapher ist, ist sie keine beliebige. Sie entspricht den verborgenen Wurzeln, die sich in der Tiefe der Erde verbergen und Blumen und Bäume wachsen lassen und sie ist wie die unterirdischen Quellen im Bauch der Erde, die das Wasser an die Oberfläche befördern.

**Die Erfahrung von Echtheit**
Eine wichtige Erfahrung in der philosophischen Kontemplation ist das Gefühl intensivierter Echtheit. Wenn wir einen Text kontemplativ betrachten und still nach innen hören, spüren wir manchmal, dass alles in uns und sogar um uns herum eine kraftvolle Echtheit erlangt, viel größer als üblich: unsere Gedanken, unsere Gefühle, unser körperliches Bewusstsein, unser Erleben der Umgebung um uns.

Es ist schwierig dies jemandem zu erklären, der nie ein solches Erlebnis gehabt hat. In unserem täglichen Leben fühlen sich unsere Erlebnisse alle gleich echt an. Die Echtheit eines Geschmacks im Mund ist die gleiche wie die Echtheit einer Melodie in meinen Ohren und mein Kopfschmerz ist ebenso echt wie mein Juckreiz. Es scheint wirklich keinen Sinn zu machen sich zu fragen, welche dieser Wirklichkeiten „echter" ist. Obwohl eins von ihnen stärker als das andere sein kann, besitzt es dennoch keine größere Echtheit. In unserem täglichen Leben erscheint Echtheit nicht in Abstufungen.

Tatsächlich erscheint das Gefühl größerer Echtheit in besonderen Momenten. Esoteriker berichten davon, eine ungeheure Wirklichkeit zu erleben, die ihr eigenes Sein klein erscheinen lässt oder überstrahlt und religiöse Philosophen wie Rudolf Otto und William James beschreiben sie als wichtiges Element in religiösen Erfahrungen. Ebenso können wir in einzigartigen Momenten in der Natur deren Unermesslichkeit fühlen und eine mächtige Stille spüren, die in unser inneres Sein eindringt, überbordend an Echtheit.

Etwas Ähnliches vollzieht sich in tiefen, kontemplativen Momenten, wenn wir uns in eine gewaltige Echtheit getaucht fühlen, die uns umschließt. Anders als viele religiöse Erfahrungen oder jene in Verbindung mit der Natur, beziehen kontemplative Erfahrungen jedoch auch das Verstehen mit ein, nicht nur das Fühlen. Auf dem Höhepunkt des kontemplativen Betrachtens eines philosophischen Textes können die Gedanken und Einsichten in unserem Kopf von einer mächtigen Echtheit durchdrungen sein, als ob ihre Bedeutungen sozusagen ein besonderes Gewicht hätten und ihre Wirklichkeit größer ist, als die bloßer abstrakter Ideen.

Wir brauchen diese Erfahrungen nicht wörtlich als sich manifestierende, metaphysische Realitäten zu interpretieren, aber es ist auch wichtig, ihre besondere Eigenschaft nicht zu übersehen oder abzulehnen. Sie weisen darauf hin, dass in jenen Momenten etwas Besonderes in uns geschieht und dass ein ruhender Bereich unseres Seins aktiviert und enthüllt wird.

**Die Erfahrung von innerer Tiefe, Kostbarkeit und Fülle**

Das Gefühl von Echtheit geht meistens einher mit anderen Erlebnissen wie denen der inneren Tiefe, der Kostbarkeit und der Fülle.

Wir erleben die Erfahrung innerer Tiefe, wenn wir spüren, dass ein verborgener Bereich unseres Seins in uns erwacht und unser gesamtes Sein konsolidiert. In solchen Momenten spüren wir, dass wir in Berührung mit der Quelle unseres Ichs sind. Vorbei ist unsere übliche Zerrissenheit und an ihre Stelle tritt ein einziges uns vereinigendes Zentrum, ursprünglicher – so fühlt es sich an – als die Vielfalt des Stimmengewirrs in unserem Geist, in unseren Gefühlen und in unserem Handeln. Die alten hellenistischen Philosophen der stoischen Schule waren mit diesem inneren Zentrum vertraut. Sie nannten es „das Leitprinzip" und betrachteten es als den wahren Mittelpunkt des menschlichen Seins, das uns zu Weisheit und Harmonie mit dem Kosmos führt.

Die Erfahrung innerer Tiefe wird oft von dem Gefühl der Kostbarkeit begleitet, was in der philosophischen Kontemplation weit verbreitet ist. In solchen Momenten spüren wir, dass unsere Erkenntnisse und Erfahrungen von besonderem Wert und Vollkommenheit sind, als wären wir in einem kostbaren Schmuckstück versunken, in einem Reich voll von bewahrter Harmonie, in welchem alles genau richtig ist.

Die Wahrnehmung innerer Tiefe und Kostbarkeit ist auch mit der Erfahrung von Fülle verknüpft. Dabei spüren wir, dass uns ein Urquell an kreativer Energie belebt, der eine Vielzahl an Erkenntnissen und Einsichten hervorbringt. Aus einer unbekannten Quelle kommen neue Ideen an die Oberfläche unseres Geistes, tief und erstaunlich, die wir nur aufnehmen und in uns wirken lassen können.

Diese verschiedenen Erfahrungen werden häufig miteinander vermischt und sie voneinander unterscheiden zu wollen wird unrealistisch.

**Die Erfahrung der Polyphonie von Bedeutungen**

Wenn wir einen Text lesen, der Erklärungen oder Thesen enthält – einen Zeitungsbericht, einen Artikel, eine politische Analyse – neigen wir normalerweise sofort dazu, diesen zu bewerten und als richtig oder falsch einzuordnen oder zumindest als glaubhaft oder unglaubwürdig. Wir akzeptieren ihn, zweifeln ihn an oder lehnen ihn ab, wir sind mit ihm einverstanden oder nicht und selbst wenn wir in dem Moment keine Beurteilung vornehmen, behalten wir uns das Recht vor, zukünftig über ihn zu urteilen.

Wenn wir auf einen philosophischen Text kontemplativ eingehen, geschieht jedoch etwas ganz anderes. Wir hören diesem aufmerksam zu, ohne ihn zu bewerten, gleich so wie wir einem Gedicht oder einer Musik zuhören. Es fesselt uns der Fluss der Ideen, deren Bedeutung und Tiefe, ohne sie als richtig oder falsch zu beurteilen. Dadurch spüren wir einen vielstimmigen Klang an Sinngehalten, die in uns widerhallen. Das mag sonderbar erscheinen. Wie ist es möglich, über einen philosophischen Text oder eine entsprechende Idee nachzudenken, losgelöst von der Frage, ob dieser Text vertretbar ist oder nicht? Schließlich werden hier Aussagen zur Wirklichkeit abgegeben, die entweder wahr oder falsch sein müssen. Dessen ureigentlicher Zweck ist zu vermitteln, dass das was dieser ausdrückt auch das ist, was der Tatsächlichkeit entspricht.

Es ist dementsprechend einleuchtend, dass wir während der Kontemplation einen philosophischen Text nicht so betrachten, als drücke dieser Feststellungen über die Welt aus. Wir betrachten ihn nicht als einen Versuch, ein Bild der Wirklichkeit zu zeichnen, und es interessiert uns auch nicht die Entsprechung zwischen Text und der Welt. Für uns ist vielmehr von Belang die Art und Weise, wie der Text in uns wirkt, der Fluss von Ideen, den er in uns weckt und wie diese auf unsere persönliche Lebenserfahrung ansprechen.

Aber dies erfordert eine besondere Art innerer Haltung. Denn wir können einen Text als vielstimmige Bedeutungen nur dann erleben, wenn wir unseren Hang zur Beurteilung zurückhalten und stattdessen dessen Worte und Ideen zu schätzen wissen, während sie in unserem Kopf widerklingen. Dies ist die Aufgabe der verschiedenen Techniken der Textkontemplation.

**Der Wert kontemplativer Erfahrungen**

Das kontemplative Eingehen auf philosophische Ideen wird von Erfahrungen begleitet, die wir als zutiefst bedeutungsvoll und erfüllend empfinden. Dennoch streben wir diese Erfahrungen nicht an, weil sie sich gut anfühlen, sondern weil wir Dank ihnen mit der größeren Wirklichkeit in Kontakt treten können, auf dessen Suche wir uns befinden. Hier ist der Vergleich mit der Liebe aufschlussreich: Liebende mögen das Erlebnis der Liebe genießen, doch ist nicht dies der Grund, weshalb sie die gegenseitige Gegenwart suchen. Wenn man wirklich liebt, liebt man den geliebten Menschen, nicht die eigenen Gefühle. Wenn man sich im Gegenzug nur um die Wonne der eigenen Gefühle Gedanken macht, ist die eigene Liebe keine wahre Liebe. In Deep Philosophy gehen wir gleichermaßen kontemplativ in uns, weil wir uns nach der Begegnung mit dem von uns Geliebten sehnen – und das ist das Fundament der Wirklichkeit in seiner Echtheit.

Dieser Wunsch, mit dem Wirklichen in Berührung zu kommen, ist ein allumfassendes menschliches Bedürfnis, das man in Religion, Wissenschaft, Dichtung und Kunst ebenso findet wie in traditioneller Philosophie. Dennoch gibt es etwas Besonderes in der kontemplativen Philosophie, was sie von vielen anderen unterscheidet: Sie sucht den Ursprung der Wirklichkeit, nicht ausschließlich erfahrungsbezogen und nicht bloß verstandesmäßig, sondern auf beiden, miteinander verflochtenen Wegen, durch erfahrungsbezogenes Verstehen.

*Kapitel 5*

# REFLEKTIONEN ÜBER ERWEITERTE HORIZONTE

Ich möchte nun etwas über die weiter reichende Bedeutung philosophischer Kontemplation reflektieren – nicht, weil ich große Wahrheiten zu verkünden hätte, sondern um unserer Musik an Ideen weitere sinnvolle Themen hinzuzufügen, die unser Verständnis von Deep Philosophy bereichern können. Ich erhebe nicht den Anspruch, dass diese Überlegungen im reinsten Sinne wahr sind – Themen, die Tiefe betreffend, können nicht mit Thesen erfasst werden. Meine möchten sich als Stimmen des vielfältigen Verstehens empfehlen, sodass wir ihnen zuhören können, wie beim kontemplativen sich einlassen auf einen Text, ohne des Ausdrucks von Zustimmung oder Widerspruch.

**Philosophischer Irrsinn**
Wir sitzen zusammen und denken kontemplativ über einen Text nach – einen philosophischen Text. Keine Dichtung, keine Literatur, keine Geschichte und kein Weltgeschehen, sondern Philosophie. Warum?
Weil wir die tief reichenden Wurzeln unseres Seins suchen und es ist eben die Philosophie, die sich mit den fundamentalsten Fragen beschäftigt. Es geht nicht um diese Person im Besonderen oder um jenes spezielle Ereignis, nicht um diese Stadt hier oder jene Insel dort – es geht um das Elementarste und das Allgemeingültigste. Die Philosophen suchen nach dem, was das Fundament darstellt.

Es ist die Grundlagenforschung, die Philosophen traditionell über Jahrhunderte hinweg betrieben und versucht haben mit ihren Theorien zu erfassen. Aber für uns in Deep Philosophy ist eine Theorie zu abstrakt und zu unzugänglich. Wir sind anormal verliebt, in den platonischen Eros, in das was wirklich ist und bloße Theorien über das, was wir lieben, würden unseren Durst nicht stillen. Wir wollen, dass Realität in uns gegenwärtig wird und in unserer inneren Tiefe spricht. „Innere Tiefe" ist der Name des Ortes, wo wir das Wirkliche mit seinen grundlegenden Bedeutungen antreffen.

Mag sein, dass man uns als verträumt betrachten könnte. Es sei Unsinn oder sogar Idiotie, davon zu phantasieren, das Wirkliche berühren zu wollen, könnte manch einer sagen. Und vielleicht hätte er sogar recht. Und dennoch, besser ein verrückter Träumer zu sein als ein kühl und professionell Denkender, der sich mit lauwarmen auf Logik basierenden Spielereien zufriedengibt. Denn durch unseren mit Leidenschaft betriebenen Nonsens sind wir wahrhaftig real und gerade durch unsere Vision von Wirklichkeit gelangen wir zur Wirklichkeit. Drängende Sehnsüchte können tiefer und weiter reichen als sorgsame Abstrahierungen.

Unsere ist eine philosophische Art von verrücktem Verlangen. Philosophisch – weil wir philosophische Theorien verwenden, um in die Tiefe hineinzulangen, obwohl wir darum bemüht sind, über Philosophie hinauszugehen, hin zu den vor jeglicher Theorie existierenden elementaren Stimmen. Durch unser kontemplatives Nachdenken beabsichtigen wir, uns so weit wie menschenmöglich dem Fundamentalen nah zu bringen oder so weit, wie es unsere persönlichen Fähigkeiten erlauben würden.

Mit der Zurückhaltung derer, die wissen, dass sie sonderbar sind, sagen wir: Deep Philosophy möchte die Tiefen ergreifen, die sich über die Philosophie hinaus erstrecken. Beim kontemplativen Betrachten philosophischer Texte gehen wir über jede Art von Text hinaus.

## Philosophischer Respekt

Beim kontemplativen Nachdenken über eine grundlegende Idee, öffne ich mein Selbst und lasse in mir eine tiefe Erkenntnis entfalten. Dies ist ein philosophischer Akt, weil er mich zum Fundament hinführt. Es ist auch eine Ausübung der Tiefe, weil sie bis hinunter in die Tiefen hineinreicht. Man könnte verstandesmäßig dieses Tiefenverständnis in Worte fassen, aber dennoch ist dieses kein Teil des Verstandes. Es ist Teil der Tiefe.

Die Tiefe ist nie meine eigene Tiefe. Es ist nichts, was ich besitze oder kontrolliere – sie ist Teil weitereichender Perspektiven. Das ist der Grund, weshalb ein authentisches philosophieren, das in die Tiefe dringt, wertvoll und sogar heilig ist; es verkörpert eine Erkenntnis, deren Wurzeln weit über mich hinausreichen. Eben dadurch befinde ich mich in der Gegenwart einer umfassenden Wirklichkeit.

Der Akt des tiefgründigen Philosophierens ist wertvoll auch aus einem anderen Grund: er ist die Antwort der Sehnsucht, über sich selbst hinauszureichen und Teil größerer Visionen zu sein. Vielleicht weiß es der Philosoph selbst nicht, doch im Moment des authentischen Philosophierens in der Tiefe, überschreitet er seine persönlichen Grenzen in einem Akt der Bewunderung gegenüber den großen Meeren.

Man könnte sagen, ein authentischer Akt tiefen Philosophierens ist wie ein Gebet, das sich nicht an einen Gott richtet. Es spielt keine Rolle, ob man an Gebete glaubt oder nicht – der Punkt ist die eigene innere Einstellung, nicht welche nachträgliche Deutung man der gemachten Erfahrung gibt.

## Philosophische Zeugnisse

Auf der einen Seite wurde jeder historische, philosophische Text zu einem bestimmten Zeitpunkt der Geschichte von einer bestimmten Person geschrieben – Texte entstehen nicht von selbst. Auf der anderen Seite erwuchs das, was Schriftsteller zu Papier brachten, aus einem weiter reichenden Terrain als das, was ihr jeweiliges kleines, persönliches Ich begrenzt. Schlussendlich erfindet niemand sein eigenes Leben – man befindet sich bereits in diesem eingebettet. Ein Text kann deshalb mitunter ein breiteres Spektrum an Stimmen zum Ausdruck bringen als nur die Gedanken seines Verfassers.

Die meisten Texte sind natürlich reine Erzeugnisse psychologischer Kräfte, der Gefühle oder Denkmechanismen, durch die der Schriftsteller selbst geprägt ist und der gedankenlosen Auswirkung seines entsprechenden Lebensumfeldes. Dieser Art sind viele Zeitungsartikel, Romane und Liebesgeschichten, sogar Essays traditioneller Philosophie – die meisten von ihnen sind nicht durchdringend genug, um in den Tiefen der menschlichen Wirklichkeit einen Wiederklang zu finden.

Doch einige philosophische Texte sind einen Schritt weiter, sie haben eine einzigartige Gabe. Die Philosophie handelt von den grundlegenden Dimensionen unserer Welt. Wenn es somit ein Philosoph schafft, seinen Text ausgehend *von* dem Fundament zu schreiben, über welches er schreibt und wenn er es schafft, über dieses zu schreiben und gleichzeitig mit diesem mitklingt, dann kann er dem großen Weltmeer eine Stimme verleihen – mal mehr, mal weniger gut, entsprechend seiner Fähigkeiten und seinem Feingefühl.

Harmoniert eine Welle mit den Bewegungen des Meeres, ist ihre jeweilige Bewegung Zeugnis dieser größeren Bewegungen. Und wenn diese Welle schreiben könnte, wären ihre Worte Zeugnis des Meeres. Folglich sind manche philosophischen Texte Zeugnisse des Weltmeeres der zugrunde liegenden Wirklichkeit, sofern man sie als Zeugnisse versteht. Sie tragen in sich den Klang seiner Strömungen, wenn man ihnen zuzuhören versteht.

Aber natürlich ist nicht jeder philosophische Text derartig beschaffen. Viele sind nicht mehr als geistige Akrobatik. Selbst dort findet man in den vielen Seiten vereinzelt ein paar Absätze, die Zeugnis sind von etwas Größerem. Und wenn man sie zu lesen versteht, kann man dann den Klängen der Meere lauschen.

So finden wir in Deep Philosophy unsere Texte zur Kontemplation: Wir durchforsten Unmengen philosophischer Schriften in der Hoffnung, eine Handvoll geschätzter Kleinode zu finden – zwei Seiten oder vielleicht sogar ein komplettes Kapitel –, die Zeugnis der Resonanz des Menschen mit dem Weltmeer der Wirklichkeit sein können.

**Das Wirkliche ist unabdingbar**

Jemand könnte uns fragen: „Was ist denn diese fundamentale Wirklichkeit, nach der ihr Philosophen der Tiefe sucht? Und wie könnt ihr es begreifen, wenn ihr sie denn gefunden habt oder wenn ihr euch ihr auch nur annähert?"

Ehrlichkeitshalber müssen wir hier zögern. Jedes Gespräch von der „fundamentalen Wirklichkeit" mag zu hochtrabend klingen. Auch wenn wir diese Worte in einem qualifizierten menschlichen Sinn – im Sinne von „Realität, soweit sie für Menschen zugänglich ist" – meinen, klingen sie immer noch prätentiös. Auch wenn wir uns auf das Fundament der *menschlichen* Wirklichkeit beschränken, sollte jedes Gespräch über Fundamente mit einer gesunden Skepsis geführt werden.

Aber sprechen wir nicht über die Wirklichkeit als etwas losgelöst Unabhängigem, das irgendwo herumliegt und darauf wartet, erkannt zu werden. Wir wollen nicht an das Wirkliche denken, als handele es sich um ein Objekt unserer Gedanken und unserer Theorien. Die Realität, von der ich Zeuge bin, hat sich mir bereits offenbart. Sie ist kein „Etwas" außerhalb von mir und kein subjektives Gefühl in mir, da sie sowohl das Innere als auch das Äußere umschließt. Die Wirklichkeit ist am Ende die Wurzel aller Dinge, allgegenwärtig, in mir wie auch außerhalb von mir. Daher erscheint sie mir in besonderen Momenten, wenn sie sich mir offenbart, als eine alles beherrschende Gegenwärtigkeit, als die Bedeutsamkeit aller Dinge, als die Echtheit der Wirklichkeit, von der ich ein Teil bin.

Und wenn einem dieses Gespräch über „Wirklichkeit" noch immer problematisch erscheint, dann möchte ich sagen, dass ich dieses nicht verwerfen kann, ohne meine Seele zu verraten. Ich kann nicht mein Sehnen nach Wirklichkeit ausblenden oder meinen Sinn für Wirklichkeit, als ob dies ein Spielfilm wäre; ich kann die uralte menschliche Suche nach Wahrheit nicht betrachten, als ob sie eine reine Illusion wäre. Weil sie es ist, die dem Gestalt gibt, was ich selber bin.

**Die Stimmen über den Text hinaus**

Ich befinde mich inmitten einer kontemplativen Betrachtung eines philosophischen Textes. Das Thema des Textes könnte irgendeine Theorie über Liebe, Freiheit oder Schönheit oder ähnliches sein; das Thema des kontemplativen Aktes selbst ist jedoch tiefgründiger. Es ist die menschliche Wirklichkeit, die diese abstrakten Ideen erstellt hat. Die Ideen selbst sind ebenfalls von Bedeutung, jedoch als Zwischenmedium: Sie führen mich über sie hinaus zu den grundlegenden Bedeutungen, die an ihren Wurzeln liegen. Ideen sind Objekte des Geistes, die in Worte gefasst sind, aber grundlegende Bedeutungen hingegen sind Stimmen, die der Wirklichkeit selbst entspringen – sie sind ursprünglicher als Worte, Konzepte oder Theorien.

Deshalb finden sich im kontemplativen Akt zwei miteinander vereinte Komponenten: die erste ist das Erfassen der philosophischen Ideen und die zweite, ausgehend von diesen Ideen, bewegt sich hin zu den grundlegenden Bedeutungen, die sich jenseits davon befinden.

Beim ersten Schritt geht es um Ideen: das sind geistige Einheiten, die der Verstand begreifen, bearbeiten, anwenden muss, und die schließlich an andere durch Sprache oder Schrift übermittelt werden. Aber solchen geistigen Einheiten fehlt noch die Verankerung in der menschlichen Wirklichkeit. Sie mögen semantische Bedeutungen haben, aber sie besitzen noch keine Bedeutungsfülle. Auch wenn sie gewisse objektive Tatsachen beschreiben oder darstellen, sind sie noch nicht im Weltmeer verwurzelt, das dem Leben Leben gibt. Bedeutungsfülle ist wie im Fall der Erfülltheit oder Kostbarkeit nicht etwas, was man beschreiben könnte – bestimmt nicht von außen – aber etwas, das man empfangen und von dem man leben kann. Von daher sind philosophische Ideen – wenn sie eine Tiefe besitzen, wenn sie mehr sind als intellektuelle Konstrukte – Zeugen ursprünglicher Bedeutungen, bevor sie als Ideen verdinglicht und so strukturiert werden, damit sie vom Verstand erfasst werden können.

Wir betrachten Texte kontemplativ, da wir nicht auf direktem Wege auf die grundlegenden Bedeutungen zugreifen können. Wir können sie nicht in unseren Geist hineinbringen, so wie wir es mit einem Begriff oder Satz tun, weil sie in keiner Weise geistige Objekte sind. Aber bei geglückter kontemplativer Betrachtung verkörpern wir durch den Text ihre Gegenwart.

**Verstehen durch teilnehmen**

Als Philosophen der Tiefe suchen wir nach den fundamentalen Bedeutungen, die wir „Stimmen der Wirklichkeit" nennen. Und da wir sie nicht in Theorien erfassen können, singen wir mit ihnen zusammen und sind Teil ihres mehrstimmigen Orchesters.

„Teilhaben" ist unsere Art, die Musik grundlegender Bedeutungen zu verstehen. Was sich nicht zu einem Gedanken vergegenständlichen lässt, was sich nicht überlegen lässt, mit dem ließe sich möglicherweise zusammen singen. Die Geige versteht die Flöte, indem sie zusammen mit ihr spielt und sie sinnvoll begleitet. Um ein Orchester zu verstehen, kann man mit ihm mitspielen, wenn auch nur als Zuhörer – die Melodie im Herzen mitsummend.

Die Welle schaut sich den Ozean nicht aus der Ferne an. Sie bewegt sich zusammen mit dem Auf und Ab des Meeres und lässt diese in sich mitschwingen; auf diese Weise gelingt es ihr, dem Ursprünglichen Ausdruck zu verleihen – den Wassern des Weltmeeres.

**Das Gefühl von Wirklichkeit**

Aus dem Blickwinkel des mühseligen, alltäglichen Moments mag das Wirkliche kaum zu bemerken sein. Der Stuhl da drüben ist echt, mein Husten ist echt, dein Lächeln ist echt, der Straßenlärm ist echt, oder etwa nicht? Wirklich ist wirklich und es scheint wenig Bedeutungsvolles zu geben, was man dazu sagen könnte.

Nur in Momenten, in denen sich das Wirkliche besonders intensiv zeigt finde ich heraus, wie echt das Wirkliche sein kann, wie majestätisch und wertvoll. Denn plötzlich ist alles so wirklich, wie es selten zuvor gewesen ist, mit sanfter Intensität gegenwärtig, prall gefüllt mit Stille und auch ich bin Teil davon. Und doch hat sich nichts in meiner Welt geändert: Alle Tatsachen und Dinge sind genau die, die sie auch zuvor gewesen sind – dieselben Farben, dieselben Formen – nur sind sie jetzt wirklicher.

Was ist diese echte Wirklichkeit? Sie lässt sich nicht Definieren, man kann nur Zeuge von ihr sein. Das Echte, das Wirkliche ist kein Gegenstand von Gedanken oder Beschreibungen, kein Inhalt, den der Versand begreifen könnte – die Echtheit ändert somit die Objekte nicht, die ich um mich herum wahrnehme. Sie lässt sich auch nicht auf eine Gefühlsregung reduzieren; im Gegenteil, jegliche Gefühle schweigen in solchen Momenten. Das Echte, das Wirkliche umschließt mich, es verschlingt Subjekt wie Objekt, Denker und Gedanken, den Geist und seine Inhalte.

Solche Momente können spontan entstehen, zum Beispiel während stiller Spaziergänge in der Natur, oder beim Hören grandioser Musik, oder sogar inmitten eines geschäftigen Tages. Aber wenn sie während der kontemplativen Betrachtung eines Textes stattfinden, sind sie mehr als nur simple Echtheit – sie sind voll an Bedeutungen. Das kontemplative Nachdenken offenbart ursprüngliche Bedeutungen in vollkommener Echtheit.

**Mehr als nur Psychologie**
Wie könnte ich behaupten mich kontemplativ mit dem Weltmeer der Wirklichkeit auseinandersetzen zu können? Ich bin bloß ein einfaches menschliches Wesen, ein Staubkorn im Weltall, gefangen in meiner beengten menschlichen Psychologie.

Dennoch bin ich nicht völlig in meiner Geringfügigkeit eingeschlossen. Ich weiß mit weiteren Horizonten eine Harmonie einzugehen, die sich jenseits meiner engen Grenzen befinden. Und durch diese Fähigkeit offenbaren sich größere Wirklichkeiten in mir, so wie sich der Wind in einem Feld durch das Hin- und Herschwingen der kleinen Blumen verdeutlicht.

Ich bin nicht einfach nur ein psychologischer Mechanismus, weil sich meine innere Tiefe den größeren Ebenen öffnet. Und dank dieser Offenheit kann ich kontemplativ in die Tiefe gehen: Ich packe Meinungen zur Seite, die ich aufgrund meiner Psychologie besitze, ich bringe mein automatisches Denken zum Schweigen und in der Stille lausche ich tief in mich hinein. Jetzt habe ich eine Beziehung hergestellt mit den Stimmen der Wirklichkeit, ich kann mich mit ihnen bewegen, gerade so, wie sich die kleine Blume mit der Brise bewegt, die sie umweht.

## *Teil B*

# DIE WURZELN VON DEEP PHILOSOPHY

Jeder philosophische Versuch, das Fundament des menschlichen Daseins zu erforschen – so wie auch der Ansatz von Deep Philosophy – ist Teil einer längeren Geschichte von Ideen sowohl persönlicher als auch kultureller Art, die vor ihrer Geburtsstunde begann. Sie entstand an einem bestimmten Punkt im Leben der einzelnen Denker und zu einem bestimmten Moment in der Geschichte.

Dies legt nahe, dass das Verständnis historischer Wurzeln eines philosophischen Ansatzes wie des unseren, ein umfassenderes Verständnis ermöglichen kann. Zugegebenermaßen können manchmal die geschichtlichen Wurzeln aus praktischen Gründen ignoriert werden, besonders im Fall von Philosophien, die sich höchst technisch und abstrakt darstellen. In den meisten Fällen kann man sie als verhältnismäßig eigenständige Gedankensysteme betrachten, auch unabhängig von ihrer Geschichte.

Dennoch ist eine nicht historische Sichtweise weniger geeignet im Fall philosophischer Konzepte, die das greifbare, tatsächlich gelebte Leben zu erforschen anstreben. Solche Konzepte reflektieren in der Regel bestimmte persönliche und kulturelle Erfahrungen, Hypothesen, Sehnsüchte und Schwierigkeiten, die man berücksichtigen muss, um zu einem umfassenden Verständnis der entsprechenden Philosophie zu gelangen. Besagter Blickwinkel ist sogar noch weniger geeignet im Fall von Deep Philosophy, bei der ein persönlicher Dialog zwischen der einzelnen philosophierenden Person und dem Leben verbunden ist. So ein Dialog ist stets in einen spezifischen persönlichen und historischen Zusammenhang eingebettet und von ihm beeinflusst.

Darüber hinaus ist Deep Philosophy schon von ihrem Wesen her historisch: Wenn wir kontemplativ auf historische philosophische Texte eingehen, stehen wir in einem Dialog mit historischen Denkern. Unser Ansatz, uns durch Stimmen der Vergangenheit mit der Basis unserer Existenz zu verbinden, lässt Deep Philosophy Teil eines lange währenden, menschlichen Dialogs werden mit dem, was wirklich ist.

*Kapitel 6*

# DIE GRUPPE DEEP PHILOSOPHY

Deep Philosophy wurde von einem kleinen internationalen Kreis von Personen gegründet, der sich den Gruppennamen Deep Philosophy gegeben hat. Um den Charakter von Deep Philosophy zu verstehen, müssen wir der Arbeit der Gruppe folgen und beobachten, wie ihre Studien und Leitbilder diese Bewegung geformt haben. Natürlich kann ich meine eigenen Erfahrungen viel besser erklären als diejenigen meiner Weggefährten. Obwohl ich nur ungern über mein persönliches Leben spreche, so mag doch das Vermitteln einiger meiner Erfahrungen dazu beitragen, Licht in die Geschichte von Deep Philosophy zu bringen.

**Frühe Bestrebungen**
Wie viele junge Studenten ging ich auf die Universität mit einer diffusen Erwartungshaltung, etwas über die Bedeutung der menschlichen Existenz zu lernen. Ich entschied mich für ein Doppelstudium der Philosophie und der Psychologie und in den ersten Jahren stieß ich auf viele stimulierende Ideen. Und dennoch, so wie es vielen Studenten ergeht, verspürte auch ich in kurzer Zeit eine belastende, zwiespältige Haltung, die mich während vieler Jahre begleiten sollte. Einerseits war ich fasziniert vom Versuch der Philosophie, sich mit den großen Fragen des Lebens auseinanderzusetzen: Was können wir uns erhoffen, über die Welt wissen zu können? Was ist das, der Geist und was ist das Bewusstsein? Was ist wahre Liebe? Was bedeutet es, frei oder authentisch zu sein?

Andererseits schienen die philosophischen Ideen, mit denen ich mich auseinandersetzte, zu abstrakt und unzugänglich: Ich spürte, dass sie nicht wirklich der echten, tatsächlichen menschlichen Erfahrung nahekamen und nicht das wirkliche Leben erhellten. Es erschien mir, also ob es sich nicht um das Leben an sich handelte, sondern um eine klägliche Abstraktion des Lebens, der es an greifbarer Wirklichkeitsnähe mangelte.

Manche Studenten, die eine ähnliche Enttäuschung erleben wie ich, verlassen schlussendlich das Studium der Philosophie, um sich anderen Fachgebieten zuzuwenden. Ich gab nicht auf, denn trotz meiner Unzufriedenheit hoffte ich noch, eine Art von Philosophie zu finden, die für mich persönlich bedeutungsvoll sein würde. Immer zwischen Hoffnung und Enttäuschung wechselnd, promovierte ich in den USA und begann an einer Hochschule, Philosophie zu lehren. Ich arbeitete im Bereich Philosophie der Psychologie, veröffentlichte Fachpublikationen und nahm an Konferenzen teil, aber im Laufe dieser Jahre rang ich weiterhin mit dem Sehnen nach einer bedeutungsvolleren Philosophie für den Menschen.

Ich gelangte zu der Feststellung einer Spaltung zwischen Leben und Philosophie: Das greifbare Leben bietet uns reiche, tiefe Erfahrungen – in der Natur, in Freundschaften und in der Liebe, in den Bereichen der Arbeit, in Literatur, Musik und Kunst. Die Philosophie hingegen unterbreitet uns nur intellektuelle Betrachtungen und Theorien. Warum können nicht beide Aspekte zu einer Einheit zusammengeführt werden? Müssen wir zwischen dem Erleben und dem Verstehen von Leben wählen? Ich wollte beides miteinander verbinden. Das, was ich mir wünschte, war dem Leben mit einer lebendigen Form von Weisheit zu begegnen.

In den frühen 90er Jahren, als ich an der Universität in Texas lehrte, hörte ich von „*Philosophical Counseling*", einer neuen philosophischen Praxis, die zehn Jahre zuvor in

Europa ihren Anfang genommen hatte und von zwei kleinen Gruppen praktiziert wurde, eine in Deutschland und eine in den Niederlanden. Ihre Bedeutung in der breiten Öffentlichkeit war seinerzeit unerheblich, aber als ich hörte, dass es ihr Ziel war, Philosophie dem herkömmlichen Menschen sinnvoll nahe zu bringen, war mein Interesse geweckt. Mit Begeisterung reiste ich zweimal nach Europa und traf mit beiden Gruppen zusammen. Obwohl ich bald merkte, dass sie noch ihre ersten experimentellen Schritte unternahmen, stimmte ich mit ihren Ambitionen überein.

Das eigentliche Format ihrer Praxis war das der individuellen Beratung: Ein Gespräch zu zweit zwischen philosophischem Berater und Kunden. Wie auch der psychologische Berater, so traf auch der philosophische Berater den Kunden zu einer Anzahl von Sitzungen und die zwei unterhielten sich über die persönlichen Probleme und Schwierigkeiten des Kunden. Um sich von Psychologen zu unterscheiden, versuchten diese frühen philosophischen Berater einen auf Philosophie beruhenden Beratungsdialog zu entwickeln, auch wenn ich nicht davon überzeugt war, dass sie damit gute Erfolg erzielten. Zum einen schien sich Ihre Beratung zu sehr mit den persönlichen Problemen ihrer Kunden zu beschäftigen, so wie es eben die Psychotherapie macht und dabei die grundlegenden Fragen des Lebens außer Acht lassend, Themen, die gerade die philosophische Auseinandersetzung kennzeichnen.

Trotz einiger Bedenken beschloss ich, mich diesem Vorhaben anzuschließen, mit dem Bemühen, eine philosophische Beratung zu entwickeln, die tatsächlich philosophisch sein würde und sich darüber hinaus zu einer Begegnungsstätte der philosophischen Auseinandersetzung mit der greifbaren menschlichen Existenz entwickeln würde.

Ich stieg mit viel Energie in dieses Vorhaben ein und begann, meine eigene Version von philosophischer Beratung zu entwickeln, zuerst versuchsweise mithilfe von Freiwilligen und später mit zahlenden Kunden. Meine Kunden reagierten durchweg positiv, wenngleich schwer zu sagen war, ob dies am scheinbar philosophischen Inhalt meiner Beratung lag. Nach einer Weile festigte sich meine Vorstellung von philosophischer Beratung, ich veröffentlichte darüber Artikel, hielt Vorträge und führte Präsentationen durch. Auch initiierte und organisierte ich die Erste Internationale Konferenz zum Thema *Philosophical Counseling*, die 1994 an der Universität von British Columbia in Kanada erfolgte. Bald danach begann sich die Idee von der philosophischen Praxis (oder Beratung) zu verbreiten und neue Gruppierungen philosophischer Praxis bildeten sich in verschiedenen Ländern in Europa und Nordamerika. Ich begann an der Universität Haifa in Israel eine neu ins Leben gerufene Vorlesung über philosophische Beratung zu halten. In kurzer Zeit erschienen neue Veröffentlichungen und folgten Aktivitäten von Kollegen der Bewegung der philosophischen Praxis.

Trotz dieser Entwicklungen wuchs meine Enttäuschung und ich begann, mich von meiner bisherigen Arbeit zu entfernen. Mich belastete die Tatsache, dass die philosophische Beratung (oder „philosophische Praxis", wie sie nunmehr in den USA genannt wurde) zu intellektuell und unnahbar war, ähnlich der akademischen Philosophie. Das Analysieren der persönlichen Erfahrungen der Kunden geschah immer noch auf eine intellektuelle Art und Weise der Betrachtung des Lebens.

Die Situation verschlechterte sich, nachdem ich anfing mich zu fragen, ob diese Art von Beratung überhaupt philosophisch sei. Philosophie zu betreiben, wie es in der westlichen Welt über 2600 Jahre lang praktiziert wurde, bedeutete allgemeine Fragen des Lebens zu erforschen, nicht die jeweiligen persönlichen Probleme einer bestimmten Einzelperson zu besprechen. Es bedeutet, die grundlegenden Fragen des Lebens und der Wirklichkeit zu verstehen und nicht die Probleme einer Person am Arbeitsplatz oder die Streitereien zwischen Eheleuten zu analysieren.

Während ich weiterhin auf der Suche war nach besseren Möglichkeiten, meine philosophische Beratung tatsächlich philosophisch und gleichzeitig persönlich zu gestalten, erkannte ich den Wert philosophischer Schriften zum Nutzen meiner Arbeit mit den Personen. Kurze philosophische Texte der Geschichte des philosophischen Denkens können reiche Quellen der Weisheit zur Erlangung von Selbsterkenntnis sein, vorausgesetzt, sie werden nicht als dogmatisches Glaubensdiktat verwendet, sondern als Rohmaterial, das zur Erarbeitung eines persönlichen Verständnisses dienen soll. Die Verwendung philosophischer Texte schien mir ein guter Schritt dahin zu sein, meine Ausübung philosophischer Praxis mit dem Wesen der Philosophie zu verbinden. Letztlich ist die Philosophie eine historische Auseinandersetzung, bei der die Denker aufeinander eingehen, sowohl auf zeitgenössische wie auch auf vorangegangene Denker reagierend. Man kann nicht ernsthaft Philosophie betreiben, so wie sie im Sinne des Denkens der westlichen Welt verstanden wird, ohne Bezug zu nehmen zu relevanten Philosophen der Vergangenheit, als hätte es sie nie gegeben. Ein philosophischer Gedanke lässt sich nicht aus dem Nichts erfinden.

Und so händigte ich bei meinen Einzelberatungen meinen Ratsuchenden häufig kurze Texte aus, als möglichen Denkansatz sich selbst zu erforschen. Parallel begann ich mit Gruppen zu arbeiten und entwickelte ein Format zur philosophischen Selbstreflektion in Gruppen, bei dem die Teilnehmer traditionelle philosophische Konzepte als Instrumente zur Erforschung ihres persönlichen Lebens und ihrer Erfahrungen verwendeten. Die Teilnehmer teilten miteinander wichtige Erfahrungen und Einsichten, um letztlich dadurch zu einem tieferen Verständnis über sich selbst zu gelangen.

Gleichzeitig ermutigte ich meine Kollegen der philosophischen Praxis in meinen Schriften und Vorträgen, nach tiefergehenden philosophischen Wegen zu suchen. Im Gegensatz zur seinerzeit vorherrschenden Tendenz empfahl ich, dass man in der philosophischen Praxis nicht mit Personen arbeiten sollte, die persönliche Probleme lösen wollten – dafür gab es bereits Psychologen – sondern mit denjenigen, die ihr Leben bereichern und daran wachsen wollten. Viele Philosophen der Geschichte glaubten, dass die Philosophie eine Entwicklung des Selbst, vorantreiben könne – warum nicht ihrer Vision folgen? Aus welchem Grunde sollte man die Methoden der Problemlösung in der Psychologie imitieren? Das Ziel der Philosophie ist es nie gewesen, Menschen zu normalisieren, oder anders ausgedrückt, sie ins normale Leben zurückzuholen, sondern stattdessen sie aus ihrem „normalen" Halbschlaf aufzuwecken.

In Anbetracht meiner namhaften Position innerhalb dieser Bewegung hatte ich die Gelegenheit, meine Bedenken bei zahlreichen Anlässen hervorzubringen. Viele lasen meine Artikel oder hörten meinen Reden zu und doch drückten ihre Reaktionen nicht mehr als vorsichtiges Interesse aus. Ich glaube der Hauptgrund lag darin, dass keine Alternativen zur Hand waren. Beratung ist ein aus der Psychologie bereits bekanntes Tätigkeitsformat und man kann es leicht kopieren. Aber auf welche Art und Weise hätte man eine neue Form von Philosophie ins Leben rufen können, die tiefe, bedeutungsvolle persönliche Erkenntnisse hervorbringt?

**Erste Versuche mit philosophischer Kontemplation**

Ich kann gar nicht oft genug betonen, wie frustrierend all das für mich war in den späten Neunzigerjahren und den ersten Jahren nach der Jahrtausendwende. Ich hatte das Gefühl an einen Endpunkt geraten zu sein, bei meiner Suche nach einer Form von Philosophie, die die Kraft besäße, das

Leben zu bereichern. War es möglich, dass Philosophie dazu bestimmt sei, vom Leben losgelöst zu sein und nichts anderes zu tun, als sich abstrahiert intellektuell zu demonstrieren?

Eine neue Inspirationsquelle kam mir zu Hilfe, zunächst in Form einer Betätigung ohne Bezug zu meiner philosophischen Arbeit und später wurde durch sie meine philosophische Arbeit zutiefst geprägt. In den frühen 1990er Jahren, als ich noch an der Universität Philosophie lehrte, besuchte ich ein kontemplatives Kloster und war sofort von dem spürbaren Geist der Kontemplation gefesselt. Auch wenn ich mich nie dem katholischen Glauben der Mönche angeschlossen hätte und auch nicht irgendwelchen anderen institutionellen Religionen, war ich zutiefst berührt vom spirituellen Leben und den spirituellen Praktiken der Mönche. Dank ihrer großzügigen Gastfreundschaft verbrachte ich Wochen und Monate in diesem Kloster. In diesen Jahren gewann ich Erfahrung in verschiedenen kontemplativen Techniken und anderen spirituellen Praktiken. Ich hatte Glück, vielfältige und tiefe spirituelle Erfahrungen zu erleben, die mich bis ins Mark erschütterten und mich zutiefst prägten. Gleichwohl blieb ich ein freigeistig spirituell Suchender, da ich seit jeher dogmatischen Glaubenslehren skeptisch gegenüberstehe, ob religiös oder anderer Art.

Nur wenige Jahre später, in den ersten Jahren unseres Jahrtausends, begann die Idee in meinem Kopf Gestalt anzunehmen, die philosophische Suche mit spirituellen Praktiken in eine Art kontemplativer Philosophie zu verbinden. Warum nicht über grundlegende Lebensfragen philosophieren und dabei kontemplative Techniken einsetzen? Wenn diese Techniken bei religiösen Texten funktionieren, an die ich noch nicht mal glaube, warum sollten sie nicht auch auf philosophische Texte übertragen und angewandt werden können?

Meine ersten Versuche führte ich mit der Technik der Textkontemplation namens „*Lectio Divina*" durch, die ich im

Kloster kennengelernt hatte. Bei dieser Technik liest derjenige, der kontemplativ in sich geht, still ein paar Sätze aus einem Text, währenddessen er nach innen hört. Verschiedene Phasen durchlaufend, orientiert er sich in Richtung einer tieferen Ebene des Geistes. Auch wenn diese Methode auf verschiedene Weise gestaltet werden kann, führten mich meine Experimente allmählich zur Entwicklung einer Version, die ich für die philosophische Kontemplation als geeignet empfand. Anstelle religiöser Texte verwendete ich kurze tiefe und konzentrierte Textauszüge, längeren philosophischen Artikeln entnommen; ich stellte erfreut fest, dass auch diese mich tief berührten und bereicherten. In Kontrast zu religiöser Kontemplation, die auf den Glauben an religiöse Lehren und Schriften basiert, empfand ich es als wichtig, dem philosophischen Text zuzuhören, ohne ihn zu bejahen oder zu verneinen und ihn als wichtige Stimme unter vielen anderen Stimmen der menschlichen Wirklichkeit zu betrachten. Nach einiger Zeit fing ich an, zusätzliche kontemplative Techniken hinzuzufügen, wie etwa spirituelles Schreiben und spirituelle Spaziergänge in der Stille.

Um 2005 herum fühlte ich mich bereit, meine erarbeiteten Methoden mit anderen zu teilen, und ich begann, kontemplative Gruppenaktivitäten durchzuführen. Nicht alle meine Experimente waren erfolgreich, doch während ich weiter mit kleinen Gruppen von Kollegen und ehemaligen Studenten arbeitete, konsolidierten sich meine Methoden allmählich. Nach und nach gewann meine philosophisch-kontemplative Methode an Schärfe und Struktur und begann, Früchte zu tragen.

**Philosophische Online-Gefährten**

Mein nächster Schritt führte zur Organisation längerfristiger Gruppen, die über mehrere Wochen hinweg zusammenarbeiten würden. Da ich auf internationaler Ebene arbeiten wollte, war es notwendig, sich auf einer Video-Plattform wie z.B. Skype zu treffen.

Ich kannte viele aus dem Bereich der philosophischen Praxis und ich lud sie ein, an experimentellen Online-Sitzungen teilzunehmen. In jeder Sitzung von circa 1 Stunde verwendeten wir einen ausgewählten philosophischen Text, auf den wir kontemplativ eingingen. Ich stellte fest, dass eine gute Kontemplationssitzung eine eindeutige, zielgerichtete Struktur erforderlich macht. Der Kopf muss sich voll und ganz auf den Text konzentrieren und ihm aus dem Innern heraus zuhören können. Komplizierte Übungen, Diskussionen und Beratungen lenken nur ab.

Anfänglich teilte ich mir die Moderation mit einer Reihe von Kollegen, die sich mir angeschlossen hatten und wir moderierten die Sitzungen abwechselnd. Als ich mir jedoch der Herausforderungen der Kontemplation bewusstwurde, kam ich zu dem Schluss, dass zu viel Gleichstellung zwischen Gruppenmitgliedern nicht dem Geist der Kontemplation förderlich war. Nicht alle haben Erfahrung und Talent in der Moderation – man kann von einem Moderator, der dies zum ersten Mal macht, nicht erwarten, eine Sitzung so gut zu leiten wie eine erfahrene Person. Moderatoren einer Gruppe sind wie Orchesterdirigenten, ihre persönlichen Fähigkeiten sind für eine gut durchgeführte Sitzung unverzichtbar. Ihre Rolle ist es, die Teilnehmer durch eine Reihe von Übungen zu führen, den geeigneten Rhythmus und das richtige Tempo zu bestimmen und eine kontemplative Atmosphäre zu fördern. Erst wenn die Aktivitäten störungsfrei ablaufen, können sich die Teilnehmer voll auf die kontemplative „Polyphonie" konzentrieren.

Ich entschied deshalb, die Organisation der meisten philosophischen Sitzungen selbst zu übernehmen. Ich begann mit der Zusammenstellung eines Repertoires kontemplativer Übungen wie „bedeutungsvolles Sprechen" *(precious speaking)* (eine Technik, die dazu dient, die eigenen Erkenntnisse genau und fokussiert auszudrücken), „behutsames Lesen" *(gentle reading)* (dabei wird der gewöhnliche Leserhythmus unterbrochen, um bei der Bedeutung einzelner Wörter anzuhalten) und etliche mehr. Den Namen „philosophische Kameradschaft" wählte ich aus, um jede an dieser Tätigkeit beteiligte Gruppe einzubeziehen.

Nach und nach führte ich verschiedene philosophische Kameradschaften Online durch und lud neue Kollegen der philosophischen Praxis ein, daran teilzunehmen. Jede Gruppe traf sich einmal die Woche, beschränkt auf eine Serie von 4 Treffen, um zu vermeiden, dass die Tätigkeit an Kraft und Wirkung verlieren könnte. Allmählich gewannen jedoch die Sitzungen an Intensität und Struktur, sie vermittelten den Teilnehmern wertvolle Erfahrungen, Einsichten und außerdem ein Gefühl von Gruppenzugehörigkeit.

**Philosophischer Rückzugsort** *(Retreat)*
Während mehrerer Monate arbeitete ich weiter online mit meinen philosophischen Kameradschaften, an denen Personen aus verschiedenen Ländern der Welt teilnahmen. Und dann begann mich eine neue Idee zu begeistern: ein kontemplatives Zusammentreffen als Retreat irgendwo in Europa zu organisieren, wo viele meiner Kollegen lebten. Dies war allerdings keine einfache Aufgabe angesichts der Tatsache, dass ich in den USA lebte.

2016 erlaubten mir Freunde von Freunden dankenswerterweise, ihr Sommerhaus in Nordwestitalien zu nutzen, in den bewaldeten Bergen Liguriens. Ich war begeistert. Ich organisierte ein Wochenend-Retreat zur philosophischen Kontemplation mit Hilfe von Stefania Giordano, einer Kollegin der philosophischen Praxis aus Italien. Sechzehn Personen aus vier europäischen Ländern nahmen an diesem Retreat teil. Die begeisterte Reaktion der Teilnehmer ermutigte mich, diesen Weg weiterzugehen.

Danach öffnete sich eine weitere Tür. Einer der Teilnehmer, Michele Zese, bot mir die Nutzung seines Familienhauses für zukünftige Retreats an. Dieses Haus im kleinen Dorf Brando in den Bergen bei Turin war entscheidend für künftige Entwicklungen. Das erste Retreat in Brando im September 2017 war intensiv und inspirierend. An dessen Ende blieben sieben von uns einen Tag länger. Um den Küchentisch herum versammelt, zufrieden und voller positiver Eindrücke, überlegten wir gemeinsam. Dort entschieden wir, eine Gruppe zu bilden, die sich der philosophischen Kontemplation widmen würde, die wir später „Deep Philosophy" nannten.

Diese neue internationale Gruppe traf sich von nun an regelmäßig online und organisierte darauffolgend mehrere Retreats in Brando und andernorts. Wir experimentierten mit neuen Techniken und erarbeiteten ein Ausbildungsprogramm für neue Mitglieder. Einige Mitglieder verließen uns wieder (wie in jeder aktiven, intensiv arbeitenden Gruppe) und andere neue schlossen sich uns an. Das Ergebnis war ein innerer Kreis von sechs oder sieben Mitgliedern, sowie ein größerer Kreis von Personen verschiedener Nationalitäten, die gelegentlich an unseren Online- und Retreat-Aktivitäten teilnahmen.

Diese Veranstaltungen lehrten mich ein weiteres: die Entwicklung eines neuen Formats an Aktivitäten ist ein langer Prozess ist. Es braucht Zeit und Bereitschaft zum Experimentieren, bis sich eine neue Methode konsolidiert und ihre bestmögliche Gestalt findet.

Dies ist der Hauptgrund, warum ich hier so detailliert über diese Gehversuche spreche. Deep Philosophy ist keine zufällige Erfindung, sondern das Ergebnis eines langen kreativen und dynamischen Prozesses, der sich im Laufe mehrerer Jahre weiterentwickelt hat. Obgleich sich Deep Philosophy dank der kreativen Beiträge besonders engagierter Mitglieder weiter herausbildete, entwickelte sie von Anfang an ein Eigenleben, das über unsere anfänglichen Vorstellungen hinausging. Die Früchte dieses Prozesses sind Zeugen der Tatsache, dass die kontemplative Philosophie – und Deep Philosophy im Besonderen – Ausdrucksformen des menschlichen Strebens nach einer Auseinandersetzung mit einem bedeutungsvollen und tiefen Leben sind.

**Die Theorie von Deep Philosophy**

Die Deep Philosophy Gruppe traf sich weiter regelmäßig online und auch bei gelegentlichen Retreats und in wenigen Monaten entwickelte sie ein Repertoire an kontemplativ-philosophischen Techniken. Bald ergab sich die Notwendigkeit, diese Methoden auf Basis von Grundpfeilern zu konsolidieren und ihr ein theoretisches Fundament zu schaffen. Als Praktizierende wollten wir eine bessere Vorstellung von dem haben, was wir praktizierten.

Einige Themen stellten sich als besonders wichtig heraus: Erstens, was heißt „innere Tiefe"? Der Ausdruck weist hin auf eine starke innere Erfahrung, die man während der Kontemplation erlebt – aber was können wir darüber aus theoretischer Sicht sagen?

Zweitens, was genau tun wir, wenn wir kontemplativ in uns gehen? Was geschieht in uns, wenn wir über einen Text aus unserer inneren Tiefe heraus nachdenken?

Desweiteren, welcher Art ist die Beziehung zwischen Gruppenmitgliedern während der Zusammenkunft als auch zwischen den Praktizierenden und dem Verfasser des Textes? Während des Praktizierens spürten wir, dass wir miteinander und mit dem Text „in Resonanz traten", und erlebten ein deutliches Gefühl des Zusammenseins. Aber was ist das Wesen dieses Miteinanders oder der Resonanz?

Und letztlich, was erhoffen wir zu erreichen durch diese Praxis? Zwar erlebten wir ein tiefes Gefühl von Bedeutungsfülle und Wichtigkeit und waren überzeugt vom Wert dessen, was wir taten. Doch auf welche Weise könnten wir die Wertigkeit dieser Aktivität in einen konzeptionellen Entwurf fassen?

Diese und damit zusammenhängende Themen gingen mir monatelang durch den Kopf. Ich suchte oft in klassischen philosophischen Schriften nach philosophischen Ideen, die bei der Entwicklung eines theoretischen Fundamentes helfen könnten. Besonders hilfreich empfand ich die Texte der alten Stoiker und Neoplatoniker, die deutschen Romantiker, die amerikanischen Transzendentalisten, verschiedene Existenzialisten und eine Anzahl Denker des 20. Jahrhunderts wie Bergson und Buber. Doch erst ab 2018 / '19 begann ein konzeptionelles Bild in meinem Kopf eine deutliche Gestalt anzunehmen und ein robustes Netz an Ideen zeichnete sich ab.

Das Resultat dessen ist nun ein theoretischer und methodologischer Rahmen für Deep Philosophy. Getreu dem historischen Wesen der Philosophie ist er von den Ideen ausgewählter Philosophen der Vergangenheit inspiriert, aber er geht auch darüber hinaus, weiter, um eine neue, einzigartige Vision zu formieren. Dieses Netz an Ideen und Methoden spielt eine wichtige Rolle bei der Schulung, die wir denjenigen anbieten, die sich uns anschließen und selbst moderieren möchten. Verschiedene solcher Trainingskurse sind schon erfolgreich beendet worden und als neue Mitglieder bringen die Absolventen neue Energien und Sichtweisen.

Aus der obigen Darstellung der Vergangenheit sollte klar hervorgehen, dass Theorie, Methodologie und Praxis von Deep Philosophy die Früchte eines intensiven Prozesses fortwährender Erkenntnisse sind. Wir hoffen, dass wir uns ständig entwickeln und nicht erstarren. Deep Philosophy betrachtet sich nicht als endgültige Wahrheit, sondern als in einem dynamischen Wachstumsprozess befindlich.

*Kapitel 7*

# HISTORISCHE WURZELN

Deep Philosophy ist neu und alt gleichermaßen. In einer Hinsicht begann sie sich in den ersten Jahren nach der Jahrtausendwende abzuzeichnen und festigte sich in den Jahren 2017 bis 2020 mit einer kleinen internationalen Gruppe der philosophischen Praxis, die sich selbst Deep Philosophy Gruppe nannte. In anderer Hinsicht hat sie ältere, geschichtliche Wurzeln, von denen einige zurückzuführen sind auf die antike Philosophie. In der Tat haben Philosophen aus der Geschichte der Philosophie den Praktizierenden von Deep Philosophy als wichtige Inspirationsquelle gedient.

**Geschichtliche Wurzeln: philosophische Methoden**
Die philosophischen Methoden, die wir bei Deep Philosophy verwenden, haben einen besonders kontemplativen Charakter. Sie ermöglichen eine Auseinandersetzung, die sich sehr von den intellektuellen Diskussionen unterscheidet, die heutzutage von den meisten etablierten akademischen Philosophen betrieben wird und auch früher schon üblich war. Ungeachtet dessen lassen sich methodologische Themen, ähnlich derer, mit denen wir uns auseinandersetzen in der ganzen Geschichte der Philosophie finden.

Eine dieser in der Geschichte wurzelnden Themen, die sich auch in Deep Philosophy finden, bezieht sich auf die Vorstellung, dass diskursives oder intellektuelles Denken nicht ausreicht, um grundlegende Fragen unserer Welt zu verstehen. Alternative Formen des Denkens – ganzheitliche, dichterische, intuitive, kontemplative usw. – werden benötigt, um menschliche Erfahrungen, das menschliche Leben oder die Wirklichkeit grundsätzlich zu erfassen. Zu den Vertretern dieser Sichtweise gehören Neuplatoniker wie Plotin (204–270 n. Chr.) und Proklos (412–485 n. Chr.), die meditative Techniken einsetzten, um sich mit höheren Ebenen der Realität zu verbinden; deutsche Romantiker wie Novalis (1772–1801) und Friedrich Schlegel (1772–1829), die meinten, dass poetische und intuitive Formen des Denkens unerlässlich seien für ein umfassendes Verständnis der Welt; Henri Bergson (1859–1941), der daran festhielt, dass nur eine besondere ganzheitliche Intuition die wahre Beschaffenheit unserer Erfahrungen begreifen könne; und Edmund Husserl (1859–1938), der eine besondere Art von Selbstbetrachtung entwickelte, mit der er die Grundstruktur von Erfahrung zu begreifen suchte. Deep Philosophy hat mit diesen Vorstellungen den Wunsch gemein, über intellektuelle Erörterungen hinauszugehen und somit ähnelt sie diesen Ansätzen.

Ein zweites Thema, das sich sowohl in der philosophischen Geschichte als auch in Deep Philosophy findet, basiert auf der Erkenntnis, dass tiefgründiges Philosophieren die Pflege eines besonderen Geisteszustands erfordert. Beim Verstehen von Wirklichkeit geht es nicht nur um „Anschauen und Sehen", denn möglicherweise besitzen wir noch nicht das geistige oder spirituelle Vermögen des „Sehens". Die angestrebte Art des Verstehens ist erst möglich, nach dem Entwickeln besonderen Feingefühls. Zu den Denkern, die sich dieses Thema zu eigen gemacht haben, gehören Platon (etwa 424–328 v. Chr.), der in seinem Dialog *„Das Symposion"* die Art beschreibt, wie der Philosoph auf seinem langen, schwierigen Erkenntnisweg hinaufsteigt über verschiedene Ebenen des erotischen Bewusstseins, hin zur Würdigung des Einen; die antiken Stoiker wie Mark Aurel

(121–180 n. Chr.), die spirituelle Übungen des Schreibens, des inneren Dialogs und der Vorstellungskraft nutzten, um sich mit dem wahren Selbst zu verbinden (das sogenannte Leitprinzip) und ein volleres Bewusstsein von Leben und dem Kosmos zu entwickeln; Baruch Spinoza (1632–1677), der beschrieb, was er „intellektuelle Liebe zu Gott" (oder die „dritte Art des Wissens") als höchste Ebene von Weisheit und Erkenntnis nannte, die man nur nach Jahren philosophischer Arbeit erreichen könne; und Ralph Waldo Emerson (1803–1882), der seine Leser und Zuhörer dazu aufforderte, ein inneres Feingefühl für die metaphysische Quelle der Inspiration zu entwickeln, welche er „Die Über-Seele" nannte.

Ein drittes methodologisches Thema, das sich in Deep Philosophy und bei einigen Philosophen der Geschichte findet, ist die Ansicht, dass unterschiedliche Philosophien nicht als sich gegenseitig widersprechende Wahrheitsansprüche behandelt werden müssen, als welche sie erscheinen mögen. Diese Haltung, die bisweilen die Gestalt von Pluralismus oder Synkretismus annimmt, legt nahe, dass unterschiedliche Philosophien als verschiedene Ausdrucksformen derselben menschlichen Erkenntnisse oder Erfahrungen betrachtet werden können. Für Deep Philosophy sind unterschiedliche philosophische Stimmen nicht nur miteinander vereinbar, sie ergänzen sich zudem zu einer Mannigfaltigkeit menschlicher Stimmen.

Diese Beispiele zeigen, dass Deep Philosophy methodologische Grundsätze hat, die jenen anderer wichtiger historischer Denkansätze ähneln. Wenngleich keine dieser Konzepte – im engen Sinne – zu vergleichen ist mit Deep Philosophy, können sie als mit ihr verwandt betrachtet werden oder als ihre historischen Wurzeln.

## Geschichtliche Wurzeln: die Kraft des Philosophierens

Aus einer anderen historischen Perspektive betrachtet, finden wir Ähnlichkeiten in der Art und Weise, wie verschiedene frühere Denker die Kraft des Philosophierens verstanden, und der Art und Weise, wie sie in Deep Philosophy verstanden wird. Diese früheren Denker vertraten die Meinung, dass sich die Philosophie nicht darauf beschränken dürfe, abstrakte Theorien hervorzubringen; sie besitze die Fähigkeit auf uns auf tiefergehende Weise einwirken zu können.

Ein für Deep Philosophy wesentliches Beispiel der Geschichte ist die Ansicht, dass die Philosophie dazu beitragen kann, unsere Grenzen des normalen Denkens zu überschreiten und schlummernde Aspekte der Wirklichkeit aufzudecken, die dem Menschen normalerweise nicht zugänglich sind. Diese Anschauung findet sich bei mehreren der oben bereits erwähnten Philosophen, zum Beispiel bei Platon und den Neoplatonikern, die der Ansicht waren, dass es jenseits der materiellen Welt höhere Ebenen der Realität gebe, die eine besondere Art des kontemplativen Denkens verlangten, um verstanden zu werden. Platons Gleichnis von der Höhle veranschaulicht deutlich die Idee der Notwendigkeit des Philosophen, aus der „Höhle" des gewöhnlichen Denkens herauszutreten, um jenseits der bloßen Schatten der Wirklichkeit sehen zu können. Ein interessantes modernes Beispiel ist Karl Jaspers (1883–1969), der feststellte, dass philosophische Systeme (so wie Mythen, die Natur und die Kunst) als „Kodizes" der Transzendenz dienen können, die über unsere gegenständliche Welt und ihre Subjekt-Objekt Gliederung hinausweisen. Ebenso setzte sich der Theologe und Philosoph Paul Tillich (1886–1965) damit auseinander, dass kulturelle Schöpfungen einschließlich der Philosophie als „Symbole" dienten, die den Menschen auf Sphären hinweisen, zu denen es ansonsten keinen anderen

Zugang gibt; durch sie eröffnen sich uns diese Sphären und wir eröffnen uns Ihnen.

Zweitens hat für viele Philosophen zu allen Zeiten das Philosophieren transformierende Kräfte besessen. Mithilfe des Philosophierens können wir einen höheren oder auch tieferen Geisteszustand erlangen, ganzheitlicher, frei oder harmonisch. Beispielhaft hervorzuheben sind hier die meisten der oben genannten maßgeblichen Denker. Aus dieser Perspektive betrachtet, besteht die Rolle der Philosophie nicht nur darin, Überlegungen und Theorien zu entwickeln, sondern auch den Menschen zu verändern.

Manchmal wird dieses Thema im Sinne von Selbsttransformation ausgedrückt: Während wir uns im täglichen Leben normalerweise in der Kontrolle starrer psychologischer Muster befinden, die unser Leben oberflächlich, unvollständig und mechanisch machen, so kann uns Philosophie dabei helfen, aus diesem Gefängnis auszubrechen. Sie kann uns helfen uns zu verändern, wenigstens teilweise oder für einen definierten Zeitraum, mehr ganzheitlich, frei und mit den wahren Ursprüngen unseres Seins verbunden zu sein. Ein offenkundiges Beispiel sind die stoischen Philosophen wie Epiktet (50–135 n. Chr.) und Mark Aurel (121–180 n. Chr.), deren Ziel es war, uns von unseren Fesseln zu befreien und innere Freiheit zu erlangen.

Sich in eine etwas andere Richtung bewegend, waren einige Philosophen der Meinung, dass Philosophieren zu einer langfristigen Weiterentwicklung unserer Grundhaltung zum Leben führen könne. Die meisten der oben erwähnten Philosophen teilten diese Ansicht. Zusätzliche Beispiele sind Epikur (341–270 v. Chr.), der glaubte, dass Philosophie uns zu einem Leben von Einfachheit und stillem Glück führen könne; Jean-Jacques Rousseau (1712–1778), dessen Philosophie uns lehrt unser authentisches Selbst zu pflegen; und schließlich Friedrich Nietzsche (1844–1900), dessen poetische Philosophie uns ermutigt, den schwierigen Prozess der Bezwingung unseres kleinen Selbst einzuleiten, hin zu einem inhaltsreicheren, wertvolleren Leben.

Diese Beispiele zeigen – im Unterschied zu jenen theoretisch orientierten Denkern der Antike, bis hin zu zeitgenössischen akademischen Philosophen – dass viele andere Denker im Laufe der Geschichte der Philosophie hingegen glaubten, dass die Philosophie ein höheres Ziel habe, als nur abstrakte Theorien zu entwickeln. In dieser Hinsicht ähneln sie den Zielsetzungen von Deep Philosophy.

**Historische Wegbereiter von Deep Philosophy**
Die oben erwähnten Themenbereiche erscheinen in den Schriften verschiedener Denker, die in unterschiedlichen historischen Epochen lebten, mit dementsprechend unterschiedlich ausgeprägten Weltbildern. Naturgemäß drückten sie diese Thematiken in unterschiedlicher Art und Weise aus und mittels verschiedenartiger Terminologien und Konzeptionen. Sie können als Wegbereiter von Deep Philosophy betrachtet werden und manche haben effektiv die Gruppe Deep Philosophy animiert. Nachfolgend findet sich eine nicht vollzählige Auflistung einiger dieser Wegbereiter in mehr oder weniger chronologischer Reihenfolge:

Platon (427–347 v. Chr.) darf als einer unserer frühesten Wegbereiter betrachtet werden. Wie er uns in seinem Dialog „Das Symposion" und in seinem Höhlengleichnis erzählt, ist der Ursprung der Philosophie die Sehnsucht – oder der Eros – nach dem, was er das Gute, das Wahre und das Schöne bezeichnete. Die Motivation von Philosophie liegt nicht in einem kalten intellektuellen Interesse, sondern vielmehr in einem Sehnen, welches den wahren „Liebhaber" der Philosophie nicht zu einem Anhäufen von bloßem objektiven Wissen leitet, sondern vielmehr zur höchsten Würdigung des „Schönen", welches das Leben lebenswert macht. Darüber hinaus beinhaltet der Weg hin zu diesen Höhen einen inneren Wandel – symbolisiert durch die Metapher vom Schritt aus der Höhle oder vom Erklimmen der verschiedenen Stufen der Liebe – der abschließt mit dem Erreichen eines vollen Verständnisses der Wirklichkeit. Philosophie ist somit ein langer Weg, das Leben zu erheben.

Nachfolgende wichtige Wegbereiter sind die stoischen Denker der Antike. Ein herausragendes Beispiel ist das Buch „Selbstbetrachtungen" des Philosophen und römischen Kaisers Mark Aurel (121–180 n. Chr.), der es als Notizbuch für spirituelle Übungen verfasste. Seine Übungen umfassen Techniken der Vorstellungskraft, Schreib- und Denkübungen, Gespräche mit sich selbst und Ermahnungen an sich selbst, entsprechend stoischer Grundsätze zu denken und zu leben. Viele dieser Übungen strebten an, das eigene untätige „Leitprinzip", den *„Dämon"* zu erwecken – das wahre Selbst, das sich im Einklang mit dem *Logos* des Universums befindet – ähnlich dem, was wir „unsere innere Tiefe" nennen. Zweifelsohne war die Philosophie für Mark Aurel eine Art zu leben, die fortwährende, kontemplative Übungen erforderte, ausgerichtet auf einen inneren Wandel. Hier finden wir auch eine wichtige Abgrenzung zwischen unseren üblichen psychologischen Mustern und unserem wahren inneren Ich; diese zu erwecken und zu stärken ist die Aufgabe der Philosophie.

Ein bedeutender Denker, der die Meinung vertritt, dass Philosophie kontemplative Praktiken beinhalten solle, ist der einflussreiche neoplatonische Philosoph Plotin (204–270 n. Chr.). Die Philosophie könne dazu beitragen, unsere Seele an ihren höheren Entstehungsort zu erinnern, sie aus ihrem Zustand des Niedergangs zu wecken und sie in Richtung des Anstiegs hin zu höheren Stufen der Wirklichkeit zu führen. Wir finden in diesem Ansatz – wie in der Vision von Deep Philosophy – die Abgrenzung vom gewöhnlichen Denken und dem intuitiven Verständnis einer höheren Realität, so wie auch das Sehnen, sich durch meditative Übungen mit der Wirklichkeit in Kontakt zu bringen.

Die Sichtweise Platons und Plotins, dass Philosophie uns dazu verhelfen kann eine höhere Verständnisebene zu entwickeln und uns mit höheren Ebenen der Wirklichkeit in Kontakt zu bringen, findet sich bei vielen späteren Philosophen des Neuplatonismus, eine der wichtigsten Lehrmeinungen im Verlauf von mehr als tausend Jahren. Ein interessanter neoplatonischer Philosoph der Renaissance, Pico della Mirandola (1463–1494), vertrat die These, dass sich so unterschiedlich darstellende historische Theorien wie die von Platon und Aristoteles einander nicht widersprächen, auch wenn man diesen Eindruck gewinnen könnte. Vielmehr, so seine Feststellung, seien sie unterschiedliche Sichtweisen oder Formulierungen derselben Wahrheiten. Dieser philosophische Synkretismus ähnelt unserem eigenen Ansatz an Philosophien der Geschichte. Auch aus der Sichtweise von Deep Philosophy sind die augenscheinlichen Widersprüche zwischen verschiedenen philosophischen Theorien lediglich eine oberflächliche Betrachtung und darüber hinaus vermeiden wir die allgemeine akademische Neigung, sie wie Widersacher im Kampf um die Wahrheit anzusehen. Für uns sind sie nichts anderes als verschiedene Ausdrucksformen derselben tieferen Ebenen – als sich da im Besonderen verschiedene „Stimmen" grundlegender menschlicher Realität ausdrücken. Obwohl unser Pluralismus und Picos Synkretismus nicht dasselbe sind, so sind wir beide davon überzeugt, dass unterschiedliche philosophische Theorien derselben tiefen Quelle entspringen, in Form vielfältiger Aspekte gemeinsamer menschlicher Weisheit.

Ein weiteres zentrales Thema von Deep Philosophy ist die enge Verknüpfung zwischen abstrakten philosophischen Ideen und konkreten Momenten des täglichen Lebens. In unseren kontemplativen Zusammentreffen reflektieren wir oft darüber, wie unser Text in den persönlichen Erfahrungen der Teilnehmer einen Widerhall findet. Ein ähnlicher Ansatz findet sich beim französischen Philosophen Michel de

Montaigne (1533–1592), dessen Hauptwerk „Essais" Anekdoten, persönliche Geschichten und Zitate von Denkern der Antike sowie seine eigenen philosophischen Erkenntnisse und Ideen miteinander verwebt. Für uns wie für ihn müssen philosophische Ideen nicht unabhängig vom täglichen Leben betrachtet werden, denn beide Bereiche können eng miteinander verwoben sein.

Das Bewusstsein höherer Formen der Erkenntnis setzt sich in verschiedenen Formen moderner Philosophie fort. So finden wir zum Beispiel bei Baruch Spinoza (1632–1677), einem wichtigen niederländisch-jüdischen Philosophen die Sichtweise, dass die Philosophie uns zu einem erhöhten Geisteszustand und zur Weisheit führen könne – „die dritte Art der Erkenntnis" – wie er sie nannte, die inneren Frieden und Freude mit sich bringt.

Die Unterscheidung zwischen gewöhnlichen und höheren Dimensionen unseres Seins findet sich auch in den Werken des einflussreichen schweizerisch-französischen Philosophen Jean-Jacques Rousseau (1712–1778). Rousseau unterscheidet zwischen dem Ich in der Gesellschaft, gleichbedeutend mit der oberflächlichen Maske, die wir – ohne uns dessen bewusst zu sein – normalerweise tragen und dem natürlichen Ich, bestehend aus ursprünglichen spontanen Energien, mit denen wir geboren werden. Die Gesellschaft dränge uns dazu, ein falsches Ich in der Gesellschaft anzunehmen und entfremde uns damit von unserem wahren Ich. Eine angemessene Erziehung könne jedoch zur Entwicklung des natürlichen Ichs beitragen und es vor negativen Einflüssen behüten, so wie es bei einer jungen Pflanze im Gewächshaus gelingt. Auch wenn wir in Deep Philosophy nicht unbedingt der düsteren Sicht beipflichten, die Gesellschaft würde den Einzelnen zwangsläufig entfremden, inspiriert uns dennoch Rousseaus Theorie, unser Ich mit einer ursprünglicheren, tieferen Dimension von uns zu verbinden.

Interessante Wegbereiter des Philosophierens im Miteinander finden sich unter den deutschen romantischen Philosophen, insbesondere Novalis (1772–1801) und Friedrich Schlegel (1772–1829). Sie schrieben des Öfteren gemeinsam: Ein jeder von ihnen schrieb ein Teilstück und wenn die einzelnen Stücke der beiden Philosophen zusammengefügt wurden, war das Ergebnis ein Netzwerk von Ideen, das über das Individuelle des einzelnen Autors hinausging. Sie nannten diese Vorgehensweise „Symphilosophie", die an unsere Übung des miteinander in Resonanz treten erinnert, während des gemeinsamen Philosophierens. Diese Romantiker sind für Deep Philosophy auch in anderer Hinsicht maßgeblich: auch sie sahen eine tiefe Verbindung zwischen dem philosophischen Denken und dem dichterischen Denken. Entsprechend ihrer Vorgehensweise gründen viele unserer kontemplativen Übungen auf der Feststellung, dass wenn wir unsere philosophischen Ideen in poetischer Form ausdrücken, das Ergebnis eine andere Art des Denkens ist, tief und inspiriert.

Ein weiterer poetischer Philosoph aus etwas späteren Jahren ist Ralph Waldo Emerson (1803–1882), Anführer der amerikanischen Bewegung der Transzendentalisten. Für uns besonders relevant ist seine Idee der Überseele – eine Quelle kreativer Einsichten und Impulse, die über unser gewöhnliches, eigenes Ich hinausgeht. In Deep Philosophy machen wir uns Emersons These zu eigen, uns nach innen dieser Quelle der Weisheit zu öffnen oder dem, was wir „innere Tiefe" nennen, die sich jenseits unserer normalen psychologischen Strukturen befindet und die uns mit Einsichten beflügelt.

Auch die Philosophie des Existentialismus hat viel mit Deep Philosophy gemein, zum Beispiel die Frage der Beziehung zwischen Philosophie und dem greifbaren Leben des Einzelnen. Für Søren Kierkegaard (1813–1855), dem Vater des Existenzialismus, können die philosophischen

Fragen des Lebens nicht vom „subjektiven" Leben des Einzelnen getrennt betrachtet werden. Objektive Theorien und Wahrheiten sind für ihn von geringer Bedeutung, weil Wahrheit eine Frage der persönlichen Leidenschaft, des Bekenntnisses und der persönlichen Wahl sei und diese erforderten Selbstwahrnehmung, Authentizität und Ernsthaftigkeit. In Deep Philosophy teilen wir Kierkegaards Ansicht einer Philosophie, die, um authentisch zu sein, aus der persönlichen Beziehung des Einzelnen mit dem Leben erwachsen muss und weniger aus abstraktem Denken.

Der Deutsche Karl Jaspers (1883–1969), Psychiater und Philosoph des Existenzialismus, erklärt, dass unser Denken die Welt vergegenständlicht und deshalb blind sei für die grundlegende Wirklichkeit, die ursprünglicher als Objekte und als Vergegenständlichung sei, einen Aspekt, den er „das Umgreifende" nennt, weil es sowohl das Subjekt als auch das Objekt umgreift, umfasst. Ihm entsprechend fungieren große philosophische Texte wie „Kodizes", die den Leser zu dieser ursprünglichen Wirklichkeit hinlenken, auch wenn wir sie nie mit unserem Denken erfassen können.

Eine ähnliche Sichtweise wird vom deutsch-amerikanischen Denker Paul Tillich (1886–1965) zum Ausdruck gebracht, der die Meinung vertritt, dass Ideen als „Symbole" wirken können, die das Ich über sich hinaus führen in Dimensionen der Wirklichkeit, zu denen es ansonsten keinen unmittelbaren Zugang gibt. Deep Philosophy teilt mit Jaspers und Tillich die Erkenntnis, dass sich philosophische Ideen nicht nur als Theorien über die objektive Welt darstellen, sondern auch als Hinweise über objektive Beschreibungen hinaus für eine fundamentalen Wirklichkeit.

Auf ähnliche Weise argumentiert der französische Philosoph des Existenzialismus, Gabriel Marcel (1889–1963), dass ein zentraler Aspekt des menschlichen Lebens das „Mystische" sei, im Sinne, dass es nicht aus der Perspektive eines objektiven Beobachters begriffen werden könne. Wir können diese Wirklichkeitsebenen nur dadurch erfassen, indem wir uns auf sie einlassen und sie tatsächlich leben, jedoch nicht, indem wir über sie theoretisieren. So wie Marcel versuchen auch wir in Deep Philosophy, uns mit diesem eigenen, persönlichen Bereich unseres Seins in Verbindung zu bringen, den man nicht allein durch intellektuelles Denken erreicht.

Abseits des Existenzialismus bekräftigt der französische Philosoph Henri Bergson (1859–1941), dass wir bei sorgfältiger Betrachtung unseres inneren geistigen Lebens erkennen, dass dieses eine ganzheitliche Strömung sei, die nicht in Einzelbestandteile zergliedert und nicht mit Beschreibungen erfasst werden könne. Wie eine Symphonie, die mehr ist als die Summe einzelner Töne, so sind die tieferen Schichten unseres Bewusstseins ein Strom stets neuartiger holistischer Eigenschaften, die einander durchdringen und nicht in Teile aufgegliedert werden können. Und dennoch sind wir in der Lage, unsere tiefen Erfahrungen mit einer anderen Fähigkeit zu begreifen: unserer Intuition. Auch wenn unsere eigentliche Vorgehensweise die der Kontemplation ist, versuchen auch wir in Deep Philosophy die tiefen Aspekte unseres inneren Lebens auf eine nicht analytische und nicht beschreibende Art zu erfassen.

Für Martin Buber (1878–1965) – ein jüdischer, österreichisch-israelischer Philosoph – besteht die menschliche Wirklichkeit aus unseren Beziehungen zu anderen, nicht aus unserem eigenen isolierten Ich. Im Grunde seien wir immer Personen in Beziehungen, sodass wir in unserer echten Seinsweise im Zusammensein mit anderen sind, mit der Natur, mit Gott und sogar mit den Stimmen längst vergangener Denker. Auch in Deep Philosophy hat die Kraft des Zusammenseins eine Bedeutung: die Resonanz innerhalb der Gruppe mit unseren Gefährten sowie mit Denkern der Geschichte.

Die Philosophie von María Zambrano (1904–1991), einer spanischen Denkerin und Dichterin, legt ihr Hauptaugenmerk auf diejenigen Aspekte unseres geistigen Lebens, die Feldern abseits der Vernunft entspringen – aus Träumen, Fantasien, Wahn, von poetischem Denken. Um diese nicht rationalen Facetten unserer Welt zu erfassen, müssen wir lernen, uns einen besonderen inneren Raum oder eine „Lichtung im Wald" zu erschaffen, mittels derer wir unerwartete Einsichten in die verborgenen tiefen Schichten unserer Wirklichkeit erhalten können. Ebenso wie Zambrano, so ist sich auch Deep Philosophy der Grenzen rationaler Analyse bewusst und damit einhergehend der Notwendigkeit, sie zu überwinden.

Man könnte der Liste noch weitere Philosophen hinzufügen, aber unterm Strich bedeutet dies: Deep Philosophy ist weder eine völlig neue Erfindung noch ist sie dem Wesen der traditionellen Philosophy fremd. Sie ist tief verwurzelt in der Geschichte des westlichen Denkens.

*Teil C*

# DIE GRUNDPFEILER VON DEEP PHILOSOPHY

Deep Philosophy ist aufgebaut auf einem Grundstock theoretischer Kriterien, die sich nicht so leicht in einen einheitlichen Rahmen zusammenfassen lassen. Wie viele menschliche Betätigungen, so entstand auch Deep Philosophy aus unterschiedlichsten Erkenntnissen heraus, aus persönlichen Erfahrungen und Visionen: das Ergebnis ist ein Netz an Ideen, die auf komplexe Weise miteinander verknüpft sind. Dennoch können einige Kerngrundsätze aufgezeigt und eindeutig formuliert werden. Diese nennen wir „die Grundpfeiler von Deep Philosophy".

*Kapitel 8*

# VERZEICHNIS DER SIEBEN GRUNDPFEILER

Die sieben Grundpfeiler von Deep Philosophy drehen sich um sieben Begriffe: Sehnen nach Echtheit, Innere Tiefe, Philosophie, Kontemplation, Resonanz im Miteinander (*togetherness*), Stimmen der Wirklichkeit und Transformation.

**Pfeiler 1: Sehnen nach Echtheit**
Wir treffen auf den ersten Pfeiler, wenn wir ein Sehnen nach Wahrheit empfinden, nach der endgültigen Wirklichkeit, nach der Basis des Daseins oder (da diese Wörter überstrapaziert wurden) nach etwas, was wir „Echtheit" nennen. Wenn wir uns um Echtheit bemühen, suchen wir keine angenehmen Erlebnisse oder Glück für uns selbst, noch wollen wir unser intellektuelles Interesse befriedigen. Ein Sehnen ist mehr vergleichbar mit Liebe als mit einem Wunsch nach Wohlgefallen: wie ein Liebender, der für die geliebte Person schwärmt und nicht von seinen eigenen tollen Erlebnissen begeistert ist. Sein Herz „wandert" zur geliebten Person. Wenn wir uns nach Echtheit sehnen, bewegen wir uns über unser eigenes Interesse hinaus, hin zu dem, was wertvoll, echt und grundlegend ist. Die Sehnsucht ist wie die Liebe ein Akt der Hingabe, ein Über-sich-Hinausgehen.

Deep Philosophy ist aus dieser Sehnsucht heraus erwachsen. Ohne dieses Verlangen – nur mit dem Wunsch nach gefälligen Erlebnissen – gibt es keine Deep Philosophy

**Pfeiler 2: Innere Tiefe**

Wir stehen in Verbindung mit dem Echten, wenn wir uns in besonderen Zuständen der Seele befinden, die sich grundlegend von unseren gewöhnlichen Momenten des täglichen Lebens unterscheiden (auch wenn die Abgrenzung nicht klar ist und beide Situationen sich auch verschmelzen können). Diese Zustände zeichnen sich durch eine besondere Qualität von innerer Einheit, intensiver Gegenwärtigkeit und Fülle aus. Wenn wir diese erleben, spüren wir, dass unser ganzes Sein gegenwärtig ist und nicht bloß ein isolierter Gedanke oder ein einzelnes Gefühl; diese Zustände ereignen sich auf einer Ebene in uns, die sich jenseits unseres bekannten Ichs befindet. Diese gehen oft mit einem Gefühl von Wertigkeit, Fülle und Echtheit einher. Verglichen mit diesen sind gewöhnliche Momente lückenhaft, nicht wirklich bewusst, wie betäubt.

Dementsprechend sind diese Erfahrungen nicht besonders durch das, *was* wir erleben, sondern dadurch, *wie* wir sie erleben, oder anders ausgedrückt, aufgrund des Ortes, in uns, „wo" sich das Erlebnis vollzieht oder welche Ebene unseres Seins diese Erfahrung durchlebt. Diese innere Dimension, die nur in solchen besonderen Momenten erweckt wird, wird in Deep Philosophy „innere Tiefe" genannt.

Die Abgrenzung zwischen tiefen und oberflächlichen Zuständen des Geistes – wenngleich unklar – hat wichtige Auswirkungen auf Deep Philosophy, weil dies bedeutet, dass wir bei unserem Suchen nach Echtheit unsere normalen Geisteszustände verändern müssen: da diese für unsere Vorgehensweise in Deep Philosophy nicht angemessen sind, müssen wir sie mithilfe besonderer kontemplativer Übungen ändern.

**Pfeiler 3: Philosophie**

Es ist durchaus möglich, dass es mehrere Wege gibt, das Echte, nach dem wir suchen zu erfassen; diese sind vielleicht besondere Arten von Dichtung, Musik und religiöse Rituale. Unser Weg jedoch ist der philosophische, denn unser Ziel ist nicht nur das Erleben, sondern das Verstehen, nicht nur uns an Bildern und Gefühlen zu erfreuen, sondern die grundlegenden Themen des Lebens und der Welt zu begreifen. Der Grund, der uns dazu bringt mit philosophischem Gedankengut zu arbeiten, liegt in der Tatsache, dass dieses sich mit der fundamentalen Wirklichkeit auseinandersetzt. Ohne das Bestreben, die Wirklichkeit auf philosophische Art zu verstehen, ist es nicht Deep Philosophy, so bedeutungsvoll der Vorgang sein mag.

Um unser philosophisches Verständnis zu entwickeln, müssen wir uns sprachlich und gedanklich auf der Ebene der grundlegenden Wirklichkeit bewegen. Das Objekt dieser Sprache können nicht Personen, Tatsachen oder Ereignisse sein, wie in Zeitungen, Geschichtsbüchern oder wissenschaftlichen Artikeln. Die Sprache der elementaren Wirklichkeit besteht aus elementarem Gedankengut, noch bevor sich diese Sprache auf spezielle Objekte beschränkt; das ist die Sprache, nach welcher Philosophie seit jeher strebt.

Wenn wir all dies mit dem vorherigen Grundpfeiler zusammenführen, können wir sagen, dass Deep Philosophy eine philosophische Erforschung fundamentalen Gedankengutes ist, die das Denken aus unserer inneren Tiefe nutzt.

**Pfeiler 4: Kontemplation**

Das diskursive, analytische Denken – die normale, tägliche Art unseres Denkens – eignet sich nicht für unsere philosophische Suche nach Echtheit. Was diese Art des Denkens ausmacht, ist die Struktur des Denkens „über"…: Ich denke „über" einen Gegenstand des Denkens nach – sei dieser wirklich oder imaginär, gegenständlich oder abstrakt, gegenwärtig, vergangen oder geplant. Im übertragenen Sinne platziere ich vor meinem Geist einen Gegenstand des Denkens und begutachte ihn von außen. Somit trenne ich mich von betreffender Wirklichkeit, indem ich es in mein Objekt verwandele. Ich selbst werde nur zu einem externen Beobachter, weit weg und unbeteiligt. Dadurch komme ich nicht in eine innige Beziehung mit der Echtheit dieser Wirklichkeit – was jedoch das Ziel von Deep Philosophy ist.

Um das analytische Denken (oder das Denken „über") zu verhindern, verwendet *Deep Philosophy* eine andere Form des Denkens: die Kontemplation. Bei der Kontemplation versuchen wir die Wirklichkeit in uns präsent zu machen, anstatt „über" sie nachzudenken. Wir „einverleiben" sie uns, vergleichbar mit einem Gefühl von Liebe oder Glück, das wir in uns verspüren, anstatt darüber nachzudenken.

Um dahin zu gelangen, müssen wir von einer Ebene unseres Seins denken, die jenseits unserer gewöhnlichen, psychologischen „Mechanismen der Vergegenständlichung" liegt. Die Kontemplation ist daher ein Denken aus unserer inneren Tiefe heraus, das die entsprechende Wirklichkeit in uns gegenwärtig macht.

Die Ausübung von Kontemplation ist nicht leicht, da sie sich unserer automatischen Neigung des Denkens „über"… widersetzt. Aus diesem Grund verwenden wir besondere kontemplative Techniken, die unsere normalen Denkmuster verdrängen und stattdessen Platz machen für kontemplatives Denken.

**Pfeiler 5: Resonanz (*resonating*) im Miteinander**

Seit jeher lag die Hauptaufgabe des Philosophen darin, Theorien über die Wirklichkeit aufzustellen. Die Konsequenz dessen war eine Kommunikation zwischen Philosophen, die sich weitestgehend als eine Auseinandersetzung darüber darstellte, welche Überlegungen (oder Theorien) vertretbar oder nicht vertretbar, richtig oder falsch sind.

Diese Art von Auseinandersetzung passt nicht zu Deep Philosophy, da diese eine Form des intellektuellen Denkens „über"... darstellt. Deep Philosophy verwendet eine andere Form von Kommunikation: die Resonanz *(engl.: resonating: einen Widerhall geben)*. Beim *„resonating"* erheben wir keinen Anspruch darauf, welche Ideen richtig oder falsch sein könnten und wir beurteilen oder bewerten auch nicht die Aussagen eines Anderen. Vielmehr hören wir den Sinngehalten zu, die Andere zum Ausdruck bringen und gehen mit ihnen in eine Resonanz, indem wir auf sie mit unseren eigenen Aussagen antworten.

*„Resonating"* entspricht der Art, wie Jazzmusiker zusammen Musik improvisieren. Das Saxofon spielt nicht *über* das, was das Klavier gespielt hat, und die Trompete entgegnet nicht oder stimmt mit dem Kontrabass überein. Stattdessen würdigen sie einander, indem sie mit den musikalischen Phrasen der Bandmitglieder eine Resonanz aufbauen, diese ergänzen, sie erwidern und so gemeinsam eine vielfältige Musik kreieren.

*„Resonating"* kann aus dem geistigen Zustand der inneren Tiefe heraus erfolgen, jedoch nicht unweigerlich. Wir können auch in Resonanz miteinander treten, wenn wir scherzen oder spielen. Treten wir jedoch in Resonanz miteinander aus unserer inneren Tiefe heraus, entwickelt sich eine neue Art von Beziehung zwischen uns: Dann sprechen wir von einer Ebene jenseits unseres normalen Ichs, von einer gemeinsamen vielstimmigen Bedeutungsebene, die uns alle umschließt. Diese neue Beziehung nennt sich *Miteinander*.

Sich in der eigenen inneren Tiefe zu befinden, ist ein Geisteszustand, die Resonanz ist eine Art von Kommunikation und das Miteinander ist eine Art von Beziehung. Diese drei Komponenten sind nicht dasselbe, sie sind jedoch eng miteinander verbunden.

**Pfeiler 6: Stimmen der Wirklichkeit**
Wenn wir über einen philosophischen Text kontemplativ nachdenken, liegt der Sinn nicht nur darin zu verstehen, was er aussagt. Wäre dies unser Ziel, wäre eine intellektuelle Erörterung genug. Wir lassen uns kontemplativ auf philosophische Überlegungen ein, weil wir mit ihrer Hilfe über sie hinausgehen und so tiefgründige Bedeutungen wahrnehmen können, die sich in unserer inneren Tiefe herausbilden. In diesem Sinne dienen philosophische Überlegungen als Türen zur Tiefe.

„Gedankengut" ist nicht dasselbe wie „Bedeutungsebenen". Gedankengut im normalen wörtlichen Sinne sind Elemente analytischer Auseinandersetzung – Inhalte unseres Verstandes, die wir benutzen, um zu erklären, zu theoretisieren, zu diskutieren, und die wir einander mitteilen. Als solche sind sie Teil der Struktur des Denkens „über".... Im Gegensatz dazu sind tiefe Bedeutungen keine Dinge in unserem Kopf und sind auch nicht „über" etwas. Sie sind Wirklichkeit an sich – oder genauer ausgedrückt, Bereiche oder Merkmale der Wirklichkeit, bevor diese in gegenständliches Denken geordnet wurde. Sie sind ursprünglicher als die Gliederung in Subjekt-Objekt, die unseren Verstand charakterisiert.

Damit wir zu diesen elementaren Bedeutungen Zugang erhalten, lassen wir diese in uns zum Ausdruck kommen. Dann denken wir nicht länger von außen über die Realität und ihre Bedeutungen nach, sondern wir erleben sie leibhaftig in uns. Diese fundamentalen Bedeutungen nennen wir „Stimmen der Wirklichkeit"; oder – um unsere begrenzte menschliche Sichtweise zu einzubeziehen – „Stimmen der menschlichen Wirklichkeit".

Das Empfinden von Echtheit, Gegenwärtigkeit, Kostbarkeit und Fülle, was uns während der Kontemplation zu Teil wird, bezeugt unsere enge Verbundenheit mit diesen Stimmen der Wirklichkeit.

**Pfeiler 7: Transformation**

Das Gefühl von Echtheit und Kostbarkeit, das wir während des kontemplativen Denkens erleben, sowie jenes des Denkens und Sprechens aus unserer inneren Tiefe, signalisiert, dass etwas Wichtiges in uns im Wandel ist. In Momenten tiefer Kontemplation bin ich kein Denker mehr, der Gegenstände des Denkens von außen betrachtet; vielmehr bin ich in einen innerlichen Raum versunken, umgeben von elementaren Bedeutungen.

Selbstverständlich verliere ich mich nicht völlig in diesem anderen Raum; ich vergesse nicht, dass ich auf einem Stuhl sitze und ein Buch in den Händen halte. Trotzdem, in einer bestimmten Ebene meines Bewusstseins und in einer bestimmten Dimension meines Seins betrete ich eine Sphäre fundamentaler Bedeutungsebenen. Ich bin nun eine Welle im Meer, die ihre Bewegungen in mir Ausdruck verleiht.

In diesem Sinne lässt sich sagen, während des kontemplativen in uns Gehens wird ein gewisser Bereich meines Seins verändert. Allerdings dauert diese kraftvolle Erfahrung nicht lange an. Am Ende eines kontemplativen Prozesses kehren wir in unseren gewöhnlichen Bewusstseinszustand zurück. Unsere innere Tiefe verschwindet dennoch nicht ganz. Auch wenn wir sie nicht mehr so kraftvoll spüren, kann sie im Hinterkopf fortdauern.

Das regelmäßige Ausüben kontemplativen Nachdenkens trägt dazu bei, unsere innere Tiefe auch nach einer Sitzung wachzuhalten, zumindest bis zu einem gewissen Mass. Je mehr wir aus unserer inneren Tiefe heraus denken, fühlen und agieren, desto weniger sind wir dabei unseren automatischen psychologischen Mustern unterlegen. Auch wenn durch das Ausüben von Kontemplation unsere Persönlichkeit sicher nicht gänzlich durch eine neue, erleuchtete ersetzt werden wird, so führt sie dennoch zur Entwicklung einer zusätzlichen Dimension unseres inneren Lebens.

*Kapitel 9*

# BETRACHTUNGEN ZU DEN SIEBEN GRUNDPFEILERN VON DEEP PHILOSOPHY

**1. Über das Entfernt-sein hinaus**
*(Betrachtung zu Pfeiler 1: Sehnen nach Echtheit)*
Extern und entfernt von uns ist die Welt unseres täglichen Lebens. Ich erlebe Personen und Gegenstände um mich und gleichzeitig ihre räumliche Distanz, die mich von ihnen trennt. Ich nehme sie stets als „da draußen" wahr, außerhalb meines Körpers und meiner Sinnesorgane. Ich kann über sie reflektieren, ich kann ihre Form sehen, ihren Klang hören oder ihre Beschaffenheit ertasten, aber ich bin immer von ihnen getrennt. Ich bin sogar von mir selbst entfernt – wann immer ich über mich selbst nachdenke, machen mich meine Gedanken über mich zu einem Gegenstand des Denkens.

Demzufolge leben wir in einem Modus des Entfernt-seins. Als Folge fühlen wir die Monotonie des täglichen Lebens, seine entfremdete Gleichgültigkeit, seine unnahbare Objekthaftigkeit. „Ereignisse", „Gegenstände", „Dinge" – diese Wörter verweisen auf diese Distanziertheit.

Normalerweise nehmen wir dieses Entfernt-sein als gegeben hin. Was könnten wir auch anderes erwarten? Und dennoch sehnen wir uns danach, diesen Abstand zu beseitigen und zu einem größeren Gefühl der Echtheit zu gelangen. Als Reaktion darauf suchen wir manchmal nach berauschenden Erlebnissen, nach Spannung oder nach Leidenschaft, oder wir hängen uns an Ideologien oder schließen uns sozialen

Bewegungen an; all dies jedoch gibt uns keine wirkliche Antwort auf das Fehlen von Echtheit. Sie bieten uns die „Euphorie" von Gefühlen oder Erlebnissen, aber keine wahrhaftige Echtheit. Wonach wir uns sehnen, ist eine völlig andere Art des Seins in der Welt, eine, die nicht durch Distanz charakterisiert ist.

Und tatsächlich spüren wir in besonderen Augenblicken – in der Natur, zusammen mit einer anderen Person, bei dem kontemplativen in-uns-gehen oder während wir spirituellen Übungen nachgehen – zuweilen die kraftvolle Gegenwart einer wunderbaren Echtheit oder wir erhalten zumindest einen Geschmack davon. Danach beschreiben wir diese mit so besonderen Worten, die ausdrücken, zutiefst berührt gewesen zu sein, sie intensiv wahrgenommen zu haben, von einem Gefühl von Gegenwärtigkeit durchdrungen zu sein, oder sich völlig offen der Welt gegenüber gefühlt zu haben. Solche Ausdrücke weisen darauf hin, dass sich unser Gefühl von Distanz für ein paar Momente aufgelöst hat. Was wir miterlebten, ist nicht etwas Entferntes, außerhalb von uns, kein Gegenstand des Denkens oder der Wahrnehmung, sondern die Echtheit der Realität in unserem eigenen uns vertrauten Sein. Das ist, als würde sich die Unterscheidung zwischen innen und außen aufzulösen beginnen.

Dieses Gefühl von Echtheit ist natürlich keine neue Entdeckung. Die Schriften von Mystikern und Dichtern während der Geschichte, wie auch spirituelle Denker aus fast allen religiösen Kulturen, erzählen von den Erlebnissen wundersamer Echtheit, wie auch dem Sehnen nach ihnen. Deep Philosophy hat dasselbe Verlangen, wenn auch nicht im Namen eines religiösen Glaubens oder aufgrund eines Ideals poetischer Schönheit; wir wollen die Distanz und das Gefühl von gleichgültiger Unechtheit überwinden, um so weit wie menschlich möglich an der Wirklichkeit Anteil zu haben.

## 2. Erkenntnis durch Verkörperung
*(Betrachtung zu Pfeiler 2: Innere Tiefe)*

Die Intensität der Echtheit, die wir in Momenten philosophischer Kontemplation erleben, ist nicht nur eine Empfindung. Diese bezieht auch ein Verständnis mit ein, das uns aus dem philosophischen Text erreicht, in den wir kontemplativ einsteigen.

Das ist keine gängige Art des Verstehens. Es ist nicht das normale „Verstehen-von" bei einer Betrachtung über ein Thema, sondern eine Flut von Bedeutungen, die mich überwältigt und mich mit Echtheit erfüllt. Wie eine Welle des Meeres beherberge ich in mir die Bewegungen des Meeres an Bedeutungen. Eine Welle „betrachtet" nicht das Meer oder „denkt" nicht „über" das Meer aus der Entfernung nach; sie lebt seine Bewegung in sich selbst. Dies ist ein Verstehen durch Verkörpern, nicht durch Repräsentieren.

Diese Art von Verstehen suchen wir in der Kontemplation. Indem wir unser psychologisches Ich weglegen, öffnen wir einen inneren Raum, in dem sich Bedeutungsebenen in all ihrer Echtheit ausdrücken können. Wir leben dann die Sinngehalte des Textes in einer Dimension von uns, die unsere gewöhnlichen Denkstrukturen durchbricht.

Diese Dimension nennen wir unsere „innere Tiefe". Die Metapher der „Tiefe" stammt von der Vorstellung eines versteckten unterirdischen Brunnens oder einer Wurzel. Wie eine Wasserquelle, die aus der Tiefe der Erde aufsteigt und wie eine unterirdische Wurzel eines Baumes, aus der der wahrnehmbare Baum erwächst, ist unsere innere Tiefe die verborgene Dimension unseres Seins, das wiederum das Fundament unserer Erkenntnis ist. Sie ist ursprünglicher als unsere psychologischen Mechanismen, die das Denken-über bestimmen, die Tiefe, die sich vor der Trennung der Wirklichkeit in Subjekt und Objekt findet.

## 3a. Philosophische Ideen als Türen des Zugangs zum Fundament
*(Betrachtung zu Pfeiler 3: Philosophie)*

Im erweiterten Sinne der „Textkontemplation" kann man in jede Art von Text kontemplativ einsteigen, sogar in ein Geschichtsbuch, einen Liebesroman oder eine Zeitungskolumne. Wenn Kontemplation lediglich beinhaltet, einen Text schweigsam zu lesen und ihm nach innen hin zuzuhören, muss der Text nicht unbedingt tiefgründig oder philosophisch sein. Jedoch enthalten philosophische Texte etwas Besonderes, das das kontemplative Nachdenken auf eine völlig andere Ebene bringt; und hier bedeutet das kontemplative Nachdenken etwas sehr viel Konkreteres.

Philosophie arbeitet mit allgemeinem Gedankengut – der generellen Vorstellung von Freundschaft (nicht nur Marias Freundschaft im Einzelnen), der Idee von Freiheit (nicht Josefs freies Handeln von gestern) und so weiter. Im Gegensatz dazu handelt ein Geschichtsbuch oder ein Zeitungsartikel von konkreten Dingen und Ereignissen: einer bestimmten Person oder Familie, einem definierten Land, einem präzisen Ort, einem Krieg oder einer Straßenkundgebung. Darüber hinaus ist philosophisches Gedankengut grundlegend, in dem Sinne, dass es das Fundament unserer Welt betrifft.

In einem bestimmten Sinn kann man allgemeine oder grundlegende Ideen nicht nur in philosophischen Texten finden, sondern sogar in verbreiteten Slogans oder Liebesliedern („Liebe ist alles, was du brauchst," zum Beispiel, was heißen soll: Liebe ist ein menschliches Grundbedürfnis). Aber es gibt hier eine große Unterscheidung. Philosophie arbeitet grundsätzlich mit mehr als nur einer isolierten Aussage. Sie versucht ein aufwändiges Netzwerk an Gedankengut zusammenzustellen, mit dem eine komplexe Perspektive auf das Leben oder die Wirklichkeit übertragen werden kann – anders ausgedrückt, eine

Weltanschauung. Und in der Tat, sobald man einen verbreiteten Slogan zu einem komplexen Ideennetzwerk ausarbeitet, kann durchaus eine Philosophie herauskommen.

Zusammengefasst, Philosophie arbeitet mit Netzwerken allgemein gültigen Gedankengutes, die sich auf grundlegende Aspekte der Wirklichkeit beziehen. Das kontemplative Nachdenken über einen philosophischen Text ist gleichbedeutend mit einem „Einstieg hinein" in eine Weltanschauung, die von allgemeinem, fundamentalem Gedankengut geprägt ist. Man kann sogar sagen, es entspricht einem „Schritt in eine Welt hinein", denn wenn ich mich wirklich kontemplativ auf einen Text einlasse, denke ich nicht über ihn nach, so wie ich es mache, wenn ich ihn auf intellektuelle Weise analysiere, vielmehr lasse ich mich von den wesentlichen Bedeutungen des Textes umschließen, so wie mich die Welt umschließt. Ich trete so in die Bedeutungen eines Textes hinein, wie ich von der Welt eines Romans, eines Films oder eines Spiels umschlungen bin.

In diesem Sinne dienen philosophische Theorien als Türen, durch die man in den Breich des Fundamentes menschlicher Wirklichkeit eintreten kann – vorausgesetzt, dass man über sie nicht intellektuell nachdenkt, sondern sich aus dem Innern kontemplativ auf sie einlässt.

## 3b. Philosophieren jenseits von Theorien
*(Betrachtung zu Pfeiler 3: Philosophie)*

Deep Philosophy wurzelt in der geschichtlichen Tradition der westlichen Philosophie und teilt deren wesentlichen Merkmale. Erstens beschäftigen wir uns als Praktizierende von Deep Philosophy, so wie ziemlich alle Philosophen der Vergangenheit, mit den grundlegenden Fragestellungen in Bezug auf das Leben und die Wirklichkeit. Zweitens arbeiten wir wie alle Philosophen der Geschichte mit Netzwerken von Ideengut, um die grundlegenden Themen zu beleuchten. Drittens wenden wir insbesondere – ebenso wie sie auch –

unsere Geisteskräfte an, im Kontrast zu blindem Glauben einerseits und zu empirischen (wissenschaftlichen) Beobachtungen andererseits. Natürlich nutzten die Philosophen der Geschichte eine breitere Vielfalt an geistigen Kräften – logische Analyse, gesunden Menschenverstand, Intuition, Selbstbetrachtung usw. –, während wir nur ein paar von ihnen anwenden, hauptsächlich das kontemplative Denken. Letztlich entwickeln wir unser Gedankengut im Dialog mit Philosophen, die uns vorausgingen – so wie sie auch.

Diese vier Eigenschaften gelten so ziemlich für jeden Philosophen in der Geschichte der westlichen Philosophie. Die von diesen Merkmalen abweichenden Denker werden nicht als Philosophen betrachtet und sind nicht Teil der philosophischen Tradition. Da Deep Philosophy diese Eigenschaften aufweist, ist sie in diesem Sinne Teil der historischen Überlieferung.

Ansonsten unterscheidet sich Deep Philosophy jedoch von der traditionellen Philosophie: Während fast alle Philosophen der Vergangenheit an der Erschaffung von Theorien arbeiteten, die Wahrheit über die Wirklichkeit ausdrücken, haben für uns Theorien als Ausdrucksform von Wahrheit keine Bedeutung. Wir haben großes Interesse an philosophischen Schriften, aber nicht notwendigerweise an ihrem Anspruch, Realität genau zu aufzuzeigen. Wir schätzen Texte, die tief sind, doch nicht zwangsläufig ihren Anspruch auf Wahrheit; für uns sind Texte wertvoll, die uns in Berührung mit den Grundlagen bringen, nicht solche, die uns abstrakte Beschreibungen von ihnen liefern. Theorien (oder Netzwerke von Ideen) sind für uns eine Zwischenstufe auf dem Weg zum wahren Ziel, nämlich teilzunehmen am Meer der Wirklichkeit.

## 3c. Bedeutungen versus Ideen
*(Betrachtung zu Pfeiler 3: Philosophie)*

Wenn wir nach Echtheit suchen, warum gehen wir dann kontemplativ auf philosophisches Gedankengut ein? Philosophische Konzepte erscheinen abstrakt und distanziert, wie können sie uns dadurch der gelebten Realität näherbringen?

Hier sollten wir zwischen philosophischem *Gedankengut* und *Bedeutungen* unterscheiden. Das Gedankengut ist in der Tat weit weg, weil es „Dinge in unserem Kopf" sind – konzeptionelle Objekte, die wir durch unser Denken beeinflussen, schriftlich aufzeichnen und von einer Person zur anderen weitergeben. Es lassen sich verschiedene Arten von Gedankengut unterscheiden – Konzepte (wie etwa „Pferd" oder „Gerechtigkeit"), Aussagen (wie „Die Sonne scheint"), Erklärungen, Theorien usw. – aber sie haben alle etwas Wesentliches gemein: Es sind abstrakte Elemente, die in unserem Kopf gegenwärtig sind, die die Welt außerhalb vertreten, sie darstellen, sich auf sie beziehen.

Die Distanz zwischen dem Gedankengut und dem, was dieses verdeutlicht, bedeutet, dass ihre Fähigkeit, uns mit der Wirklichkeit in Berührung zu bringen, stark beschränkt ist. Solange wir in Form von Gedankengut denken, finden diese Gedanken „über" die Wirklichkeit statt und somit stehen sie in Distanz zu ihr. Aus diesem Grund interessieren uns philosophische Vorstellungen nicht als solche, sondern lediglich in dem Maße, indem wir sie überwinden können.

Das ist es, was wir in Deep Philosophy machen. Wir nutzen philosophisches Gedankengut, um über bloße Gedanken hinausgehen können. Durch dieses Gedankengut erreichen wir das Fundament, aus dem sie erwachsen, das ist die menschliche Wirklichkeit. Doch mit „menschlicher Wirklichkeit" meinen wir keine gegenständlichen Dinge wie Steine, Bäume oder Moleküle, vielmehr handelt es sich um grundsätzliche Bedeutungen (oder Eigenschaften), bevor unser Verstand sie in Objekte des Denkens vergegenständlicht.

Wir erfahren den Unterschied zwischen Gedankengut und Sinngehalten in kontemplativen Zusammentreffen: Wir haben häufig ein starkes Gefühl von Sinnhaftigkeit, sind aber unfähig, es in eindeutige Vorstellungen zu übersetzen. Es ist ursprünglicher als unsere Begriffswelt und wir nehmen es als etwas wahr, dass über unsere Sprach- und Konzeptionsstrukturen hinausgeht.

Die philosophische Kontemplation verkörpert in unserem Geist diese kaum mit Worten zu beschreibende fundamentale Realität (im Sinne der grundlegenden Bedeutungen, welche die Realität erbauen). Dies sollte nicht sehr überraschend sein. Letztlich ist die Wirklichkeit schon in uns drin – wir sind ein Teil von ihr wie Wellen im Meer, und sie können in uns zum Ausdruck kommen wie sich die Bewegungen des Meeres in den Wellen ausdrückt. Das kontemplative Nachdenken kann in uns nicht nur eine Wiedergabe der ursprünglichen Bewegung auslösen, sondern die ursprüngliche Bewegung selbst.

Um eine andere Metapher zu verwenden: Die philosophische Kontemplation kann die Wirklichkeit mit authentischer Stimme in uns „sprechen" lassen. Anders als Gedankengut sind grundlegende Bedeutungen keine Abstrahierung, sondern sie sind die Wirklichkeit selbst, die in uns „spricht". Sie werden erst dann zu Abstraktionen, wenn wir sie in ein Gedankengut in Bezug auf etwas verwandeln, in Konzepte oder Theorien beispielsweise. Doch Bedeutungsinhalte als solche – die dem Akt der Vergegenständlichung unseres Denkens vorausgehen – sind „Klänge", die die „Musik" unseres Lebens schreiben.

Deshalb arbeiten wir mit philosophischem Gedankengut und deshalb verwenden wir Texte, die philosophisch sind. Philosophie ist eine Auseinandersetzung mit grundlegendem Gedankengut und solches Gedankengut kann in uns grundlegende Bedeutungsinhalte bekunden – wenn wir nur lernen, an ihnen teilzuhaben.

## 4a. Kontemplation um über uns selbst hinauszugehen
*(Betrachtung zu Pfeiler 4: Kontemplation)*

Wir gehen kontemplativ in uns, weil wir unsere Grenzen unserer gewöhnlichen Denkmuster überwinden wollen, die die Struktur des über-etwas-nachdenken enthalten: Dementsprechend wählt unser Gedanke ein besonderes Objekt des Denkens aus (eine Person, ein Ereignis, eine Idee oder jegliches andere Objekt), abgekoppelt vom Rest der Welt und über dieses formuliert er etwas – zum Beispiel „Der Baum ist hoch" oder „Die Liebe ist ein starkes Gefühl".

Diese Art des Denkens ist sinnvoll, wenn es sich um klar definierte Objekte in unserer Welt handelt, doch ist sie ungeeignet, wenn wir mit der tieferen Ebene ursprünglicher Bedeutungen in Verbindung treten wollen. Da diese die Wirklichkeit durch die Brille vergegenständlichter Elemente betrachtet, kann sie sich nicht mit der Realität auseinandersetzen, so wie diese ist, bevor sie vergegenständlicht und sie durch unsere psychologischen Strukturen geformt und in Objekte des Denkens verwandelt wird.

Die Aufgabe des kontemplativen Denkens besteht darin, uns zu ermöglichen, diese Strukturen zu überschreiten. Die Erfahrung zeigt uns, dass wir beim kontemplativen Denken nicht mehr unsere übliche vergegenständlichende Psychologie benutzen; das Denken kommt von einer anderen Dimension unseres Seins. Wir müssen nicht darüber theoretisieren, was diese Dimension ist, aber wir können feststellen, dass sie existiert: Wir sind sogar imstande, aus einer vor-gegenständlichen, ursprünglichen Dimension in uns selbst befindlich zu denken, oder von dem, was wir unsere innere Tiefe nennen.

Das Problem ist, dass dies nicht einfach zu vollbringen ist. Wir können unsere Tiefe nicht beliebig aktivieren, da diese nicht von den psychologischen Mechanismen des Ichs bestimmt wird. Für das kontemplative Denken müssen wir unser psychologisches Ich beiseiteschieben, es dazu zwingen, die Kontrolle aufzugeben und darauf warten, dass unsere innere Tiefe zu sprechen beginnt.

Doch auch dies ist nicht so leicht durchzuführen. Wir können unsere gewöhnlichen Denkmuster – unseren „Autopiloten" – nicht dadurch umgehen, dass wir sie nicht einsetzen wollen. Wir brauchen Techniken, die uns dabei behilflich sind. Dazu dient uns eine Vielfalt kontemplativer Methoden: sie unterdrücken unsere gewöhnlichen psychologischen Denkmuster und stattdessen öffnen sie eine „Lichtung", mit anderen Worten einen inneren Raum stiller Aufmerksamkeit, der relativ frei von unserer normalen psychischen Handlungsweise ist.

Die Folge ist eine ganz andersartige Form des Denkens, die aus einer ursprünglicheren, in uns befindlichen Quelle, entsteht und somit viel tiefere Sinngehalte hervorbringt, als unsere auf Psychologie bauenden Konzepte und Ideen. Auch wenn diese Bedeutungsebenen nicht so klar und eindeutig definiert sind wie Objekte des Denkens, haben sie den Vorteil, dass sie nicht in analytische Denkmuster passen. Daher erleben wir beim kontemplativen Nachdenken häufig Bedeutungsebenen, die wir nicht beschreiben können oder wir werden von Einsichten in Intensität und Echtheit überflutet, die uns Objekte des Denkens nicht bieten können oder wir dehnen uns über unsere vertrauten Grenzen hinaus aus.

## 4b. Der Kraft der Kontemplation
*(Betrachtung zu Pfeiler 4: Kontemplation)*

Die Textkontemplation hat eine besondere Kraft, uns tiefgründige Bedeutungen äußerst gegenwärtig zu machen. Diese Kraft ergibt sich nicht nur aus dem, *worüber* wir kontemplativ nachdenken, sondern vor allem daraus, *wie* wir es tun. Anders ausgedrückt, nicht nur wegen des philosophischen Inhalts an sich, sondern primär wegen des Geisteszustands, mittels dessen wir uns auf ihn einlassen. Intellektuelles Denken ist begrenzt in der Kraft, uns zu verändern, denn es verbindet uns mit Objekten des Denkens und lässt uns ansonsten unverändert zurück. Das kontemplative in-uns-gehen hingegen hat eine kraftvolle Wirkung auf uns, weil es den Vorgang des Denkens modifiziert und dadurch den Geist selbst.

Wenn ich kontemplativ über einen philosophischen Text nachdenke, sind mir nicht die Objekte des Denkens gegenwärtig, wie Ideen oder Konzepte, sondern Bedeutungsinhalte vor der Vergegenständlichung, die sich weder im Objekt noch im Subjekt befinden. Sie füllen meinen inneren Raum gänzlich aus, erscheinen weder subjektiv noch objektiv. Sie schäumen über vor Echtheit, sie füllen meinen inneren Raum komplett aus und erscheinen wie eine Wirklichkeit, die weder subjektiv noch objektiv ist. Diese Bedeutungen sind Bereiche der Wirklichkeit – keine Gedanken *über* die Wirklichkeit und keine Wiedergabe von Wirklichkeit – sondern die von mir verkörperte Realität selbst, wahrhafte Bedeutungen in ihrer Authentizität.

Metaphorisch ausgedrückt, kann ich mich selbst wie eine Welle im Meer fundamentaler Bedeutungen vorstellen. Die Bewegungen des Wassers finden sich auch in der Welle wieder, die ich selbst bin. Genauso wie es keine Distanziertheit zwischen Welle und Wasser des Meeres gibt, gibt es keine Distanz zwischen mir und den Bedeutungsebenen der Wirklichkeit. Ich bin verkörpert in diesen fundamentalen Bedeutungen und sie sind es in mir. Vielmehr noch, ich *bin* das Wasser der grundlegenden Bedeutungsebenen und das Wasser ist ich.

So wie diese Metapher zum Ausdruck bringt: beim kontemplativen Eingehen auf philosophische Vorstellungen treten wir in ein Meer von Sinngehalten ein. Mit anderen Worten, wir treten ein in eine andere Realität, andersartig als unsere gewöhnliche Welt bestehend aus gegenständlichen Dingen.

Wir nutzen hier eine bemerkenswerte menschliche Fähigkeit: in andere Wirklichkeiten eintreten zu können. Wenn wir einen Film sehen oder einen Roman lesen, betreten wir eine fiktive Welt und erfahren sie von innen heraus, als ob wir selbst Teil der Erzählung wären. Während wir die Charaktere und den Verlauf der Erzählung verfolgen, sind wir verschreckt oder erleichtert, voller Hoffnung oder enttäuscht, als ob die Ereignisse uns auf direkte Weise beträfen oder in unserem Umfeld geschähen. Wichtig ist jedoch, dass wir uns in dieser anderen Welt nicht völlig verlieren. Wir verwechseln die Darsteller auf der Leinwand nicht mit der neben uns sitzenden Person. Eine unerwartete Störung kann uns leicht aus dieser anderen Realität herausreißen. Offenbar ist in unserem Hinterkopf präsent, dass es sich nur um einen Film oder einen Roman handelt.

Auch während des philosophisch kontemplativen Nachdenkens treten wir in das Innere einer anderen Welt ein. Hier jedoch ist ein wichtiger Unterschied zu berücksichtigen: Wir bewegen uns nicht in einer Welt der Objekte, es handelt sich nicht um Menschen, Steine und Blumen, sondern um etwas völlig anderes – eine Welt grundlegender Bedeutungsebenen vor der Vergegenständlichung. Wir befinden uns in einer völlig andersartigen Weltordnung, die die grundlegenden Dimensionen unserer eigenen Existenz umgestaltet.

Aber nicht jeder philosophische Text ist dafür geeignet. Wenn der Text eine aus Dingen erstellte Welt zeichnet, wird er uns in eine Welt der Gegenstände zurückführen und als Betrachter dieser Dinge zurücklassen. Viel kann sich nicht ereignen, wenn man einen solchen Text kontemplativ betrachtet. Aber wenn ein Text tiefgründig ist, wenn er auf eine Ebene grundlegender Bedeutungen hinzeigt, die nicht vergegenständlicht werden kann, dann kann er das Ich und seine Beziehung zur Welt neu formen. Sind wir erst einmal mithilfe der kontemplativen Betrachtung in den Text eingestiegen, werden wir nicht mehr dieselbe Person sein, zumindest für die Dauer der Sitzung. Wir werden nun eine Welle im Meer und die Wirklichkeit des Meeres wird Teil von uns. Wir werden Teil des Meeres sein, so wie dieses Teil von uns sein wird, umhüllt von Echtheit und Fülle.

Schauen wir uns einen Film an oder lesen ein Buch, verlieren wir uns logischerweise nie völlig in dieser anderen Wirklichkeit. Im Hintergrund unseres Verstandes werden wir uns immer der normalen Welt aus Objekten gemacht, die sich um uns herum befindet, bewusst sein, genauso wie wir uns selbst bewusst sind, als eine Person, die einen Text liest. Aber ein Teil von uns befindet sich im Prozess des kontemplativen Betrachtens und auf dieser Ebene verändern wir uns.

### 5a. Die akustische Metapher
*(Betrachtung zu Pfeiler 5: Resonanz)*

Traditionelle Philosophen untersuchen grundlegende Bereiche der Wirklichkeit, indem sie Theorien darüber entwickeln. Die Erstellung von Theorien über etwas ist gleichbedeutend mit der bildlichen Metapher des „Anschauens" und „Sehens". Wir stellen uns die Wirklichkeit als eine Art Landschaft vor, die sich vor uns ausbreitet; eine Theorie ist dementsprechend eine Landkarte oder ein Bild, das diese Landschaft abbildet. Der Sinn der Theorie ist, dieser Realität zu entsprechen so wie ein Stadtplan die Straßen der Stadt abbildet oder wie die Fotografie eines Gesichts mit dem Gesicht identisch ist. Wenn wir dieser Metapher folgen und versuchen, die Wirklichkeit durch unsere Gedanken oder Worte darzustellen, beziehen wir uns auf sie im Grunde aus der Perspektive eines externen Betrachters.

Die bildliche Metapher ist aber nicht unser einziger Weg, mit der Wirklichkeit in Verbindung zu treten. Eine metaphorische Variante ist die vom „Hören" oder „Zuhören". Das Hören beinhaltet keine Bild-Objekt-Beziehung, da der Klang, den ich höre, nicht dem Objekt ähnelt, das den Klang verursacht und dessen Elemente entsprechen nicht den Elementen des Objekts. Wenn ich beispielsweise einen Pfiff höre, kann ich vielleicht nicht einmal verstehen, ob er von einem Vogel, einer Person oder einer Maschine kommt.

Außerdem ist das Zuhören keine ausschließlich äußere Beziehung. Beim Hören erlebe ich einen Klang, der von außen in mich eindringt und in meinem Kopf nachklingt. Wenn ich ihm allerdings sorgfältig zuhören möchte, kann ich meine Augen schließen und ihm meine Aufmerksamkeit *von innen heraus* schenken. Das den Klang hervorrufende externe Objekt ist meinem Hören verborgen.

Das „Zuhören" ist deshalb eine passendere Metapher dafür, wie wir uns bei der philosophischen kontemplativen Betrachtung mit Ideen und Bedeutungen verknüpfen, obwohl sie wie alle Metapher ihre Beschränkungen hat. Genauso wie wir einem Klang lauschen, „hören" wir beim kontemplativen Betrachten den Impulsen zu, als ob sie – von irgendwo kommend – nunmehr in uns gegenwärtig würden. Während wir ihnen zuhören, erfüllen sie unseren Geist und schenken uns ihre innere Gegenwärtigkeit, was wir in der kontemplativen Betrachtung oft erleben. Den Ideen „Zuhören" ergibt eine ganz andere innere Haltung als jene des „Anschauens" von Gedankengut.

Wenn wir der akustischen Metapher folgen, dann ist das Gedankengut der kontemplativen Betrachtung gleichbedeutend mit Klängen. Aber die „Klänge", denen wir beim philosophisch kontemplativen Betrachten zu hören, sind keine leeren Geräusche – sie enthalten Bedeutungen und besitzen eine innere Struktur. Aus diesem Grunde dürfen wir sie *Stimmen* nennen. Kontemplatives Nachdenken über einen philosophischen Text ist analog zum Zuhören von „Stimmen".

Die Metapher der Stimme erlaubt uns zwischen ihren beiden Elementen zu unterscheiden: dem ersten, Klänge; dem zweiten, die durch diese Klänge ausgedrückten Bedeutungen. Wenn wir dem Gedankengut („Klänge") eines Textes zuhören, lauschen wir sozusagen den Bedeutungen, die diese Klänge tragen. Und vergleichbar dem Zuhören einer Rede, hören wir „durch" die Klänge die ausgedrückten Bedeutungsinhalte. Gleichermaßen hören wir beim kontemplativen Nachdenken „durch", also mittels theoretischen Gedankengutes, die fundamentalen Sinngehalte, die von ihnen eingehüllt sind.

Ein weiterer Vorteil der Metapher der Stimme ist, dass sie uns gestattet, das kontemplative Erlebnis von Gedankengut darzustellen, welches *in* uns widerklingt oder in uns *„spricht"*. Eine vergleichbare Aussage in der bildlichen Sprache des Sehens („in uns sehen") ergibt keinen Sinn. Tatsächlich beinhaltet die akustische Metapher, dass die Unterscheidung zwischen meinem Inneren und meinem Äußeren fließend ist: Klänge nehmen wir wahr als etwas, das von außen zu uns kommt, wie auch als etwas, das in uns widerklingt. Auch unser Gedankengut beim kontemplativen Nachdenken erfahren wir als im Text befindlich, so wie auch als etwas, das in unserem Geist eine Resonanz findet.

Schließlich ermöglicht uns die akustische Metapher zu bestätigen, dass wir mit Gefährten oder mit Texten interagieren, indem wir eine Resonanz zwischen ihnen herstellen – und das ist immer eine Beziehung zwischen Stimmen. Der Begriff Resonanz überwindet die Gegensätzlichkeit von über-etwas-Nachdenken, dem Zustimmen gegenüber Ablehnen, dem Richtig gegenüber Falsch. Diese Gegensätzlichkeiten bestimmen den sichtbaren Bereich der Symbolisierung und eines vergegenständlichenden Gedankens, der Beziehung Subjekt-

Objekt. Im Unterschied dazu ermöglicht der akustische Begriff der Resonanz den Praktizierenden des kontemplativen Betrachtens, jeder gegebenen Stimme mit einer Anzahl unterschiedlicher Antworten zu begegnen, jenseits der bloßen richtig-falsch Polarität.

## 5b. Zwei Bedeutungen von Resonanz
*(Betrachtung zu Pfeiler 5: Resonanz)*

Während des kontemplativen Betrachtens kommunizieren wir mit dem Text und gleichzeitig miteinander auf besondere Weise: durch Resonanz. Der Begriff der Resonanz hat zwei Bedeutungen. In einem weiteren Sinn ist es eine Vorgehensweise. Im engeren Sinn ist es ein mentaler Zustand.

Der Vorgang der Resonanz bedeutet, dass wir dem Gedankengut einer Person oder eines Textes antworten, indem wir eher „mit diesem zusammen" sprechen als „über dieses". Anstatt diese Gedanken zu analysieren, anstatt sie zu beurteilen oder zu kritisieren, ihnen zuzustimmen oder ihnen zu widersprechen, kommunizieren wir miteinander wie es bei mehreren Stimmen in einem Chor stattfindet. Wie Jazzmusiker miteinander improvisieren, reagieren wir auf den Satz eines Kollegen mit einem eigenen Satz oder wir ergänzen die Melodie der anderen und bereichern sie mit neuen Harmonien, entwickeln ein besonderes musikalisches Thema und so gestalten wir zusammen eine reiche Symphonie von Sinngehalten.

Resonanz kann aber auch etwas Innerliches bedeuten. Als mentaler Zustand schließt dieser ein, dass ich den Prozess der Resonanz verinnerliche und ihm in meinem Kopf folge; ich nehme Gedankengut in mich auf, ohne es zu beurteilen und lasse es sich in mir frei entfalten, ohne es zu analysieren oder zu bewerten. Auf dieser Ebene ist Gedankengut weder eine Feststellung noch eine Theorie über die Art, wie sich Dinge darstellen, sondern Sinngehalte, die sich in mir bewegen und auf komplexe Weise ineinandergreifen.

Dieses gegenseitige Einwirken schafft neue Bedeutungsebenen, die wir als wertvolle Erkenntnisse erleben. So wie die Sopranistin und der Tenor beim gemeinsamen Singen neue Klangqualitäten herausbilden, auf eine vergleichbare Weise erzeugen zwei gedankliche Vorstellungen zusammen neue Bedeutungen, die, jede getrennt für sich betrachtet, nicht in sich tragen würde.

Resonanz ergibt wenig Sinn, wenn wir Gedanken als „Feststellungen über etwas" begreifen. In einer Auseinandersetzung über das, was richtig und das was falsch ist, kann man nicht zwei sich widersprechende Aussagen gleichzeitig akzeptieren – zum Beispiel, dass das Ich ein denkendes Ding sei (Descartes) und genauso, dass das Ich nur eine Erfindung sei (David Hume). Nur eins von beiden kann als wahr akzeptiert werden. Aber wenn Gedankengut als Ausdrucksform grundlegender Bedeutungsebenen in Form von Stimmen zum Ausdruck gebracht wird, können beide als Stimmen eines polyphonen Chores von Bedeutungen angenommen werden und beiden kann Gehör geschenkt werden.

Dies heißt nicht, dass die eine Idee genauso akzeptabel ist wie die andere. Die Resonanz, die in einem „Konzert" philosophischer Bedeutungen erfolgt, ist nicht zufälliger als die Resonanz in einem musikalischen Konzert: Nicht jede Kombination erzeugt ein gleichermaßen bedeutsames Ergebnis. Ihre Sinnhaftigkeit kann zum Teil dadurch bedingt sein, wie diese einzelnen „Stimmen" miteinander interagieren und bis zu einem gewissen Grad von dem kulturellen Hintergrund und den persönlichen Charakteristiken der Personen, die den Text kontemplativ betrachten.

## 5c. Tiefgründiges Miteinander
*(Betrachtung zu Pfeiler 5: Resonanz)*

In der Gruppenkontemplation treten wir miteinander in Resonanz. Das Zusammensein steht in Beziehung mit

Resonanz, aber beide sind völlig unterschiedlich voneinander. Resonanz ist eine Art Tätigkeit – etwas, was wir in bestimmten Momenten mit Sprechen und Nachdenken auf gewisse Weise tun, während das Miteinander eine Beziehung darstellt. Wir können zusammen sein, auch wenn wir ruhig dasitzen und nichts sagen, oder nachdem die Sitzung beendet ist und wir uns nicht mehr in einem kontemplativen Zustand befinden, doch noch unter seinem Einfluss. Resonanz beginnt in einem bestimmten Moment und endet zu einem bestimmten Moment – zum Beispiel, wenn ich mein kontemplatives Nachdenken unterbreche, um das Licht einzuschalten oder den Platz zu tauschen. Aber unser Zusammensein pausiert nicht mal für zehn Sekunden, bloß weil wir eine Pause einlegen. Dennoch ist der Vorgang der Resonanz von großer Bedeutung für das Verhältnis zum Miteinander: Er hilft, dieses überhaupt hervorzurufen.

Das Miteinander in Deep Philosophy sollte von den gängigen Arten des Zusammenseins unterschieden werden. Im täglichen Leben fühlen wir uns oft zusammengehörig, wenn wir uns in der Gesellschaft von Anderen befinden, wie etwa beim Picknick mit Freunden. Oder eine Sportgruppe kann nach Absprache handeln, um ein gemeinsames Ziel zu erreichen. Oder es kann auch ein Planungsteam gemeinsam Überlegungen anstellen und planen, indem die Ideen eines jeden ergänzt und weiterentwickelt werden, sodass das Endergebnis das Produkt von allen gemeinsam ist.

Diese Arten des Miteinanders – zusammen beim Fühlen, beim Handeln, beim Nachdenken – sind im täglichen Leben an der Tagesordnung und wenngleich sie auch bei einer Gruppe von Deep Philosophy auftreten können, sind sie nicht von besonderem Interesse für uns. Aber es gibt eine tiefere Art des Zusammenseins, das über die täglichen Aktivitäten hinaus geht und das kann „tiefes Miteinander" genannt werden.

Beim tiefen Miteinander treten wir in Beziehung zueinander aus unserer inneren Tiefe heraus und gehen so über das individuelle Denken hinaus. Gemeinsam werden wir Teil einer Wirklichkeit, die unsere Trennung überschreitet und uns gemeinsam umschließt. Dies ist die Wirklichkeit der grundlegenden Bedeutungsebene – oder der Stimmen – die wir miteinander teilen und die uns als Gruppe inspiriert; oder, um eine andere Metapher zu verwenden, sie ist das Weltmeer, in dem wir die Wellen sind. Das bedeutet nicht, unsere Individualität oder individuellen Unterschiede zu bestreiten, sondern eine größere Realität anzuerkennen, die uns zusammen umschließt und uns bewegt.

Auf dem Höhepunkt des kontemplativen Nachdenkens lösen sich die Grenzen zwischen uns bis zu einem gewissen Maß auf. Besser gesagt, was sich hier auflöst, bin nicht ich selbst – ich verflüchtige mich nicht aus der Sitzung – sondern mehr die „Ichbezogenheit" meiner Gedanken und Erlebnisse. Die klare Abgrenzung, die normalerweise mein Denken von dem Denken einer anderen Person trennt, beginnt sich aufzulösen und meine Erfahrungen sind nicht länger deutlich unterschiedlich von denen des Anderen. Ich bin jetzt eine Welle in einem Meer von Bedeutungen, Seite an Seite mit anderen Wellen (oder Gefährten), nicht länger der Eigner „meiner" Gedanken und Erfahrungen und nicht länger ein selbstbestimmter Geist, der persönliche Gedanken und Gefühle umfasst. Mein „ich" verliert seinen besonderen Status als Mittelpunkt meiner Welt. Es gibt nicht mehr „meine" innere Tiefe gegenüber „deiner" inneren Tiefe, sondern nur noch die innere Tiefe.

Man könnte dies für eine Art selbsttranszendierende Ekstase halten, aber dies ist nur bis zu einem gewissen Grad zutreffend. In der Tat ist diese Selbsttranszendenz nie abgeschlossen. Wie derjenige, der sich einen Spielfilm anschaut oder einen Roman liest und bis zu einem gewissen Punkt in eine andere Realität eintritt, so bringt auch diese Art von kontemplativer Ekstase nur eine teilweise Einbeziehung unseres Seins mit sich. Während ein Teil von mir in der Ebene grundlegender Bedeutungsinhalte jenseits meiner Ichbezogenheit schwebt, bin ich im Hintergrund meines Geistes dennoch ein individuelles Ich, das seine eigenen Gedanken denkt und mit Kollegen kommuniziert. Tiefes Miteinander geht immer nur zum Teil.

In diesen Momenten des teilweisen, tiefen Zusammenseins bemerken wir oft, dass Gedanken wie von selbst in unserem Geist auftauchen, in Resonanz mit dem Text und mit sich selbst, als ob sie ein Eigenleben führten und von selbst sprächen „mittels" unseres Geistes und durch unsere Münder. Das Ergebnis ist ein „losgesagter" Fluss von Stimmen – eine Symphonie ohne Komponisten, eine uns alle umfassende Polyphonie von Bedeutungen, eine Wirklichkeit, die mehr ist als die Summe der Geistesbewegungen der einzelnen Teilnehmer.

Tiefes Miteinander unterscheidet sich von daher sehr vom Zusammensein des täglichen Lebens. Dennoch bedeutet dies nicht unbedingt, dass es stärkere Empfindungen hervorruft. Empfindungen, so wertvoll sie sein mögen, sind Teil der Welt psychologischer Subjekte, die wir beim kontemplativen Nachdenken durchbrechen; diese an sich können auch in Situationen auftreten, die wenig an Tiefe anzubieten haben (z. B. wenn wir zusammen Fußball spielen oder wenn wir gemeinsam im Gefängnis leiden). Das, was das Besondere des tiefen Miteinanders ausmacht, findet auf einer anderen Ebene unseres Seins statt, auf der Ebene der Stimmen oder eben jener der grundlegenden Bedeutungsinhalte. Wenn wir also in diesem Zustand etwas Außerordentliches erleben, sind es nicht Empfindungen, sondern eher ein Gespür der Kostbarkeit und sogar Unantastbarkeit – sowie der Echtheit des großen Meeres, dem wir alle zugehörig sind. Diese Erfahrungen, wie intensiv sie auch sein mögen – leicht oder kraftvoll, überwältigend oder kaum spürbar – sind Bewegungen der Tiefe.

## 6a. Bedeutungen jenseits von Beschreibung
*(Betrachtung zu Pfeiler 6: Stimmen der Wirklichkeit)*

Die kontemplative Betrachtung ermöglicht uns, übe die Begrenzungen unseres gewöhnlichen Denkens hinauszugehen. Sie ist das Medium, um eine Verbindung herzustellen zu den ursprünglichen Bereichen der Wirklichkeit – die wir „Stimmen der menschlichen Realität" oder „fundamentale Bedeutungsebenen" nennen – die jenseits der Reichweite unserer vergegenständlichten Denkweise liegen. Sobald das vergegenständlichende Denken versucht, diese Bereiche durch Beschreibungen zu erfassen, wird es ihnen unweigerlich eine Struktur des Subjekt-gegenüber-Objekt auferlegen und sie dadurch verzerren. Die kontemplative Betrachtung erlaubt uns jedoch, diese Bereiche auf eine nicht vergegenständlichende Weise aufzunehmen und uns eine Ebene zu eröffnen, die nicht durch eine Perspektive von Subjekt zu einem Objekt verformt ist.

Deshalb ist die Welt der Objekte kein unumgängliches\ Gefängnis. Was nicht heißt, dass wir einen Zugang zur entscheidenden Wirklichkeit haben. Wir als Menschen sind wahrscheinlich durch die Einschränkungen unserer menschlichen Geistesfähigkeiten begrenzt. Der Punkt ist dennoch, dass der Horizont des menschlichen Verstehens grösser ist, als der Horizont des gegenständlichen Denkens. Es ist sicher naheliegend, dass unsere Fähigkeit, Realität zu erfassen, beschränkt ist, aber dennoch ist sie weitreichender als unsere Fähigkeit des gegenständlichen Denkens-über-etwas, sowie des gegenständlichen Sprechens-über etwas.

Die Vorstellung, dass wir etwas erfassen können, was wir nicht in Beschreibungen einfangen können, kommt nicht ganz überraschend. Es weckt Erinnerungen daran, wie wir Geschmack oder Farben wahrnehmend erspüren können, ohne in der Lage zu sein sie zu beschreiben. Wie zum Beispiel kann man den Geschmack von Kaffee ausdrücken, wenn nicht sehr vage? Vermutlich ist der Vergleich mit Geschmack und Farben missverständlich – Farben haben einen Platz im gegenständlichen Raum, Sinngehalte hingegen nicht. Dieses Beispiel zeigt dennoch, dass eine Unfähigkeit zum Beschreiben nicht gleichzeitig einer Unfähigkeit zum Erleben und Erfassen gleichkommt.

Man könnte sicher berechtigterweise eine Erklärung haben wollen – wie generisch und unklar sie auch sein mag – woraus diese Stimmen oder fundamentalen Bedeutungen bestehen.

Eine direkte Antwort ist: man sollte den Weg der kontemplativen Betrachtung ausprobieren und selbst erleben! Es lässt sich jedoch auch noch mehr sagen. Erstens sagen uns unsere kontemplativen Erfahrungen, dass fundamentale Bedeutungen keine neutralen Kategorien wie abstrakte Konzepte sind, vielmehr sind sie Eigenschaften, die einen Wert besitzen: ihre Kostbarkeit, hin und wieder sogar ihre Unantastbarkeit, können wir erahnen. Kostbarkeit oder Wert ist ihnen innewohnend. Sie zu erleben heißt eben, das Wertvolle in ihnen zu erleben.

Zweitens, wie wir unseren kontemplativen Erfahrungen entnehmen, sind diese Eigenschaften fruchtbar, kreativ. Sie bringen Bilder, Ideen, Assoziationen. Sie haben keine leblose Beschaffenheit, sie sind voller dynamischer Fülle.

Wir können deshalb sagen, dass fundamentale Bedeutungsebenen wie ein Quell an Sinngehalten, Kostbarkeit und Fülle fungieren. Sie sind der Ursprung dessen, was in uns von reichhaltigem Wert ist – wenigstens für die Dauer des kontemplativen Betrachtens.

### 6b. Stimmen jenseits von Theorien
*(Betrachtung zu Pfeiler 6: Stimmen der Wirklichkeit)*

Wenn wir die fundamentalen Bedeutungsebenen betrachten, die wir „Stimmen der Wirklichkeit" nennen, könnten wir dazu verleitet werden, eine Theorie über sie aufzustellen. Wir könnten zum Beispiel die Theorie vorschlagen, dass sie wie platonische Ideen sind, die den

Wesenskern aller Dinge bestimmen und dass sie in einer festen hierarchischen Ordnung aufgebaut sind, von der allgemein gültigsten Idee ganz oben bis zu den spezifischeren Ideen immer weiter unten.

Diese ordentlich aufgebaute Idee führt dazu, Stimmen in das zu verwandeln, was sie eben nicht sind – von außen betrachtete Dinge. Die Beschreibung von etwas, ebenso wie seine Theoriebildung bedeutet, dieses vor das geistige Auge des Verstandes zu setzen und es aus der Perspektive eines externen Betrachters anzuschauen.

Unsere kontemplative Erfahrung zeigt etwas ganz Anderes: Eine Stimme ist kein zu betrachtendes und darüber nachzudenkendes Etwas, weil es nicht ohne Deformation von meinem Akt des Denkens getrennt werden kann – es existiert im eigentlichen Akt des Denkens selbst. Sobald ich diese zu einem Objekt meines Denkens mache, habe ich es verloren. Ich bleibe zurück mit lediglich einem Anflug dessen, was sie in ihrem Ursprung war, wie ein Geschöpf der Dunkelheit, das zur Betrachtung ans Licht der Sonne gezerrt wurde.

Um eine Stimme wahrzunehmen, müssen wir sie in unser Bewusstsein holen, ohne sie „anzuschauen". Wir müssen einen inneren Raum in uns öffnen und die Stimme sich dort selbst äußern lassen, wenn diese zum Ausdruck kommen will. Dies ist es, was wir beim Kontemplativen in-uns-gehen machen; wir führen besondere Übungen durch, um die Worte eines Textes in unserer inneren Tiefe zu „platzieren", damit sie dort „sprechen" können. Wir spüren dann Bedeutungen in uns aufkommen, die nicht vergegenständlicht sind, sodass wir *aus* oder *mit* ihnen denken und sprechen können und nicht *über* sie.

Hier müssen wir als Philosophen das Verlangen aufgeben, dass wir alles auf Theorien reduzieren wollen. Diese lassen unweigerlich die Bedeutungen außen vor, die nicht vergegenständlicht werden können, weil sie das Subjekt selbst umfassen und nie ganz auf die Seite des Objekts wechseln können.

## 6c. Stimmen und innere Tiefe
*(Betrachtung zu Pfeiler 6: Stimmen der Wirklichkeit)*

In Deep Philosophy sagen wir mitunter, dass wir uns mittels unserer „inneren Tiefe" mit der Wirklichkeit in Kontakt bringen können, während wir ebenfalls davon sprechen, dass wir den „Stimmen" der Wirklichkeit zuhören. Diese beiden Ausdrücke, innere Tiefe und Stimmen, entstammen verschiedener Sprachen und verwenden unterschiedliche Metaphern, doch sie sind zwei Seiten derselben Medaille. „Tiefe" ist eine bildliche Metapher, entnommen der räumlichen Welt der Dinge. Es erfordert von uns, uns vorzustellen, dass die oben liegende Oberfläche unseres Seins sich der darunterliegenden Tiefe entgegenstellt. Im Gegensatz dazu ist die Metapher der „Stimmen" eine akustische, die uns auffordert uns vorzustellen, dass Sinngehalte nicht zu vergegenständlichende Stimmen sind, eben Stimmen, die von woanders zu uns kommen.

Wenn man diese zwei Metaphern zusammenfasst, lässt sich daraus folgern, dass unsere innere Tiefe jener „Ort" in uns ist, an dem wir die Stimmen der Wirklichkeit „hören" können. Insofern ist das kontemplative Hineinhören in unsere innere Tiefe ungefähr dasselbe, wie den Stimmen der Realität zuhören.

## 7a. Innere Wirklichkeit
*(Betrachtung zu Pfeiler 7: Transformation)*

Bei der kontemplativen Betrachtung erleben wir oft ein verstärktes Gefühl von Echtheit, und dies ist ein Anzeichen dafür, dass sich unser Bewusstseinszustand verändert hat. Im täglichen Leben beispielsweise nehmen wir materielle Gegenstände als echt wahr, wenn diese bei Berührung Widerstand leisten. Wenn meine Hand mühelos durch etwas, das wie eine Wand aussieht hindurch geht, dann ist das eine Illusion, keine wirkliche Wand. Diese Art von Echtheit von Materie ist in zweierlei Hinsicht äußerlich: Erstes begegnen wir dem Objekt außerhalb von uns, oder präziser, außerhalb unserer Sinnesorgane – zum Beispiel außerhalb unserer Augen. Zweitens nehmen wir nur die äußere Oberfläche des Gegenstands wahr. Wir können niemals eine Wand oder einen Baum aus dessen Inneren heraus erleben (falls das „Innere einer Wand" überhaupt einen Sinn ergäbe).

Aber die Echtheit jedoch, die wir manchmal bei der kontemplativen Betrachtung erleben, ist innerlich. Wir erleben sie dann in uns, wenn sie uns mit ihrer intensiven Präsenz durchströmt. Im Gegensatz zu einem materiellen Gegenstand, der niemals in mich hineinkommen und meine innere Tiefe erfüllen kann. Seine Echtheit wird grundsätzlich die äußerliche Echtheit eines Wahrnehmungsobjekts bleiben.

Die innere Echtheit ist die Echtheit, nach der wir in Deep Philosophy suchen. Diese Innerlichkeit lässt sich einfach nicht in normale Worte fassen, da diese Begrifflichkeit für allgemeine äußerliche Objekte gemacht ist. Von daher verwenden wir eine Metapher: „eine Welle des Meeres". Wie eine Welle die Bewegungen des Meeres in sich selbst verspürt, spüren wir beim kontemplativen Nachdenken die Sinngehalte in unserer inneren Tiefe aufsteigen und dies räumt ihnen eine besondere Echtheit ein.

### 7b. Zwischen der Welle und dem Meer
*(Betrachtung zu Pfeiler 7: Transformation)*

Die Metapher „Welle im Meer", weist auf die veränderte Wahrnehmung hin, die der kontemplativ in sich Gehende erreicht, aber auch auf die veränderte Beziehung des kontemplativ Nachdenkenden (= die Welle) zur Wirklichkeit, über welche er kontemplativ nachdenkt (= das Meer). Diese umgewandelte Beziehung weist nachfolgende Merkmale auf.

Erstens, so wie eine Welle nicht unabhängig von den Bewegungen der Wasser des Meeres ist, bin auch ich entsprechend nicht losgelöst von der Wirklichkeit, die ich wahrnehme. Die grundlegenden Bedeutungsebenen der Wirklichkeit (die Bewegungen des Ozeans der Metapher) drücken sich in mir aus und ich muss sie nicht von weitem betrachten. Es lässt sich sagen, ein wichtiges Merkmal dessen, eine Welle im Ozean zu sein ist, dass ich in mir selbst die Wirklichkeit finde.

Ein zweites Kennzeichen ist, dass es sich um eine Verbindung in Form von aktiver Mitwirkung handelt. Bei der Ausübung der kontemplativen Betrachtung nehme ich Anteil an der Wirklichkeit, die ich kontemplativ betrachte, denn als Teil derer verknüpfen sich meine Bewegungen mit den ihrigen. Dies unterscheidet sich von der Beziehung, die sich beim Nachdenken-über etwas ergibt, bei dem das Ich und das Objekt meiner Gedanken getrennt und unabhängig voneinander sind.

Ein drittes Merkmal ist, dass der Umstand, eine Welle im Meer zu sein, eine erkenntnistheoretische Beziehung mit sich bringt, anders ausgedrückt, eine Beziehung des Wissens oder Verstehens. Aber im Unterschied zur gewöhnlichen Art von Erkenntnis durch Vorstellung (im Kopf eine Vorstellung von etwas haben) ist dies *eine Erkenntnis durch Verkörperung*: Ich verstehe bestimmte fundamentale Bedeutungen, weil sie in mir verkörpert sind. So wie eine Welle gleichsam in sich selbst die Bewegungen des Ozeans entdeckt – seine Gezeiten, Unterwasserströmungen, Verwirbelungen – so entdecke ich auf ähnliche Weise die Bedeutungen (oder Stimmen) der Wirklichkeit in mir, auch wenn ich nicht über sie nachdenke.

Ein viertes Merkmal ist, dass ich durch einen besonderen Teil meines Seins wie eine Welle in einer Beziehung zum Meer stehe. Da die Bewegungen (oder Bedeutungen) des Meeres nicht auf dem Weg des Denkens-über etwas zu mir kommen, erscheinen diese in den Dimensionen meines Seins, die sich außerhalb meiner normalen psychologischen Denkstrukturen befinden und die wir innere Tiefe nennen. Und deshalb, während der kontemplativen Betrachtung, wenn wir nach innen in unsere innere Tiefe hören, fühlen wir uns von unserem Verstehen durchströmt.

Zusammengefasst, durch die kontemplative Betrachtung treten wir auf eine grundlegend andere Art in Beziehung mit der menschlichen Wirklichkeit. Ich bin nicht mehr ein psychologisches Etwas in einer Welt von Dingen, sondern für den Zeitraum der Sitzung habe ich mich verwandelt in eine Welle des Meeres.

Wie gesagt, diese Verwandlung findet nur teilweise statt. So wie man sich in den Roman, den man liest, nicht absolut verliert – im Hinterkopf weiß man, dass man im Sessel sitzt mit einem Buch in der Hand – behalten wir bei der philosophischen Kontemplation in der Regel das Bewusstsein als eigenständige, in einem Zimmer sitzende und kontemplative Übungen durchführende Individuen. Wir verändern uns in einem Teilbereich unseres Seins und bleiben dennoch dieselben im anderen Bereich; mehr kann sich ein menschliches Wesen kaum erhoffen.

## 7c. Wandlung über die Sitzung hinaus
*(Betrachtung zu Pfeiler 7: Wandlung)*

Die philosophisch kontemplative Betrachtung kann uns verändern während wir sie praktizieren, was vielleicht nicht völlig befriedigend sein mag. Wir würden uns wünschen, uns auch über die Sitzung hinaus zu verändern. Wir möchten mit unserer inneren Tiefe vereint bleiben.

Unser gewohntes Leben wird von psychologischen Denkmechanismen, Empfindungen und Verhaltensweisen dominiert, die typischen psychologischen Mustern folgen, so wie ein Autopilot. Infolgedessen ist unser geistiges Leben oberflächlich und unzusammenhängend, während die tiefere Dimension unseres Seins weitgehend im Halbschlaf befindlich, inaktiv und folglich unterentwickelt ist. Daher ist unsere Fähigkeit beschränkt, uns mit dem zu verbinden, was echt in uns ist.

Das Verlangen, unser inneres Leben zu wandeln und über unser oberflächliches Dasein hinauszugehen, ist von zahlreichen Philosophen im Laufe der Geschichte erkannt worden. Unter diesen Denkern, die wir „transformative Philosophen" nennen, befinden sich Platon, die Stoiker, Spinoza, Rousseau, Nietzsche, Emerson und viele weitere. Wenngleich sie verschiedene Konzepte und Theorien verwendeten, waren sich alle darin einig, dass der Mensch grundsätzlich in starren, begrenzten psychologischen Strukturen gefangen ist, die ihn auf der Oberfläche des Daseins leben lassen. Mithilfe des Philosophierens jedoch lassen sich ein paar Schritte aus diesem Gefängnis heraus machen – gleichgültig ob es nur ein kleiner oder ein großer Schritt sei, er kurzzeitig oder längerfristig stattfindet – um so ein erfüllteres Leben zu führen.

Von besonderer Bedeutung sind für uns die Philosophen, die die innere Wandlung im Sinne einer Verbindung zu einer besonderen inneren Quelle der Inspiration oder Weisheit verstanden – Mark Aurels „Leitprinzip", Novalis' „höheres Ich", Rousseaus „natürliches Ich", Emersons „Über-Seele" und so weiter. Innere Wandlung bedeutete für sie, Achtsamkeit für diese innere Quelle zu erlernen, sie zu erwecken und zu pflegen. Trotz Unterschiede zwischen diesen Denkern auf theoretischer und definitorischer Ebene vertraten alle die These, dass wir irgendwie lernen können, „von" dieser inneren Quelle zu leben.

So wie diese Philosophen möchten wir in Deep Philosophy auch unsere innere Tiefe über die Sitzung hinaus hegen, in unserem täglichen Leben. Um dies zu erreichen, bemühen wir uns, unsere innere Tiefe zu erwecken, indem wir versuchen, sie in uns „sprechen" zu lassen und sich auszudrücken. Sobald unsere innere Tiefe reger wird, können wir einfacher und erfüllter zu ihr zurückkehren, auch während unseres Tagesablaufs.

Man könnte dies „Selbst-Transformation" nennen, aber dieser Ausdruck könnte missverständlich sein. Wenn „Selbst-Transformation" bedeutet, sich vollständig zu verändern, wenn dies bedeutet, eine neue Persönlichkeit einzunehmen oder sich von allen psychologischen Mechanismen freizumachen, jegliche emotionale Strukturen und Verhaltensmuster zu überwinden und eine völlig neue Person zu werden, dann ist dies ein irrealer Traum. Der Eukalyptus Baum wird immer ein Eukalyptus Baum bleiben – er wird nie zu einer Rose werden. Nahezu wir alle sind dazu bestimmt, für den Rest unseres Lebens die groben Mächte unserer psychologischen Mechanismen zu erleben. Ein paar psychologische Veränderungen sind gleichwohl möglich, ob durch Psychotherapie, Selbst-Reflektion oder einem Reifeprozess im Laufe der Jahre, aber so wertvoll diese Wandlungen auch sein mögen, sie sind nur partiell und bedingt und führen weder zu einer vollständigen Änderung der Persönlichkeit noch zu einer Befreiung sämtlicher psychologischer Mechanismen.

Überhaupt spielen viele unserer psychologischen Strukturen eine wichtige Rolle in unserem Leben. Man kann nicht funktionieren ohne Strukturen, die Hunger und Durst steuern, ohne sprachliche Strukturen, mit denen wir Sätze bilden und sie dechiffrieren, ohne Denkmechanismen, die programmieren und analysieren, ohne emotionale Prozesse, die Gefühle steuern oder jene, die das Bewusstsein bestimmen und den gesellschaftlichen Umgang.

Und tatsächlich werden selbst nach vielen Sitzungen philosophisch kontemplativer Betrachtung viele unserer alten Muster und Neigungen gleichbleiben, jedoch mit einem wichtigen Unterschied: Von jetzt an sind sie nicht unsere einzige Quelle von Gedanken, Gefühlen und Verhaltensweisen. Eine zusätzliche Dimension unseres Seins wird jetzt wachsam sein und das ist die, die wir unsere innere Tiefe nennen.

Unsere innere Tiefe fördern heißt nicht, unsere Psychologie zu entfernen und unsere Persönlichkeit zu ersetzen. Es besagt vielmehr, dass wir zusätzlich zu unseren gewohnten psychologischen Prozessen auch Zugang haben zu einer tieferen Lebensquelle, die über bestimmte Zeitspannen unsere Mechanismen und psychologischen Kräfte beeinflussen oder sogar lenken kann.

Ist unsere innere Tiefe erstmal erwacht und hat sich entwickelt, werden unsere psychologischen Muster keine eigenständigen blinden Kräfte mehr sein. Vielmehr werden sie sich um einen neuen inneren Mittelpunkt herum bauen und dort festigen, der sie über längere oder kürzere Zeitspannen führt und lenkt. Unsere erwachte innere Tiefe wird nicht verdrängen, was wir sind, aber sie macht uns stimmiger, ausgeglichener und kompletter und manchmal verbindet sie uns auch mit einem tieferen Ursprung und erweiterten Horizonten.

## *Teil D*

# PRAXIS VON DEEP PHILOSOPHY

Die philosophisch kontemplative Betrachtung benötigt einen besonderen Geisteszustand und dementsprechend kann sie nicht im lässigen Ambiente einer normalen Unterhaltung praktiziert werden. Um unsere automatischen Denkmuster zu verdrängen und einen inneren Raum für tiefes Zuhören zu öffnen, werden besondere Techniken benötigt. Besondere Vorgehensweisen sind erforderlich, um den Ablauf und Rhythmus zu erzeugen, der eine kontemplative Atmosphäre in der Gruppe herstellt.

Anfängern fällt oft auf, dass sie in kontemplativen Sitzungen gebeten werden, auf eine Art zu sprechen, die sie nicht als „natürlich" empfinden. Dies ist zutreffend. In der Tat wiederholen wir denselben Satz wieder und wieder oder wir lesen einen Text sehr langsam Wort für Wort oder wir schränken uns beim Sprechen ein auf kompakte poetische Sätze, dann unterscheidet sich dies sicherlich sehr von einer gewöhnlichen Ausdrucksweise. Die kontemplative Betrachtung benötigt nun einmal „unnatürliche" Mittel, wie eine in hohem Maße organisierte Zusammenarbeit, einen fließenden Rhythmus von Abläufen, einen konzentrierten, aufmerksamen Geist und schließlich eine sorgfältige, bedachte Ausdrucksweise.

*Kapitel 10*

# RAHMENBEDINGUNGEN

**Die Struktur einer Sitzung**

Wir üben Deep Philosophy hauptsächlich in Gruppen aus, wenngleich viele von uns sie auch auf individueller Basis praktizieren. Eine Gruppe besteht üblicherweise aus 5 bis 12 Teilnehmern und man trifft sich einmal die Woche oder für eine Reihe von drei oder mehr Sitzungen von je 90 Minuten. Die Sitzungen werden von einem Moderator durchgeführt, der erfahren in der Materie ist. Obwohl die Handlungen in einer Sitzung vom persönlichen Stil des Moderators abhängen, bauen sie auf einer vergleichbaren Grundstruktur auf und verwenden Techniken eines gemeinsamen Repertoires.

Der Wirkungsgrad einer kontemplativen Sitzung hängt unter anderem vom Geisteszustand der Teilnehmer und ihrem Gemeinschaftsgefühl ab. Um beides während des Verlaufs der Sitzung aufrecht zu erhalten ist die fokussierte Struktur der Sitzung maßgeblich. Eine gleichmäßige, ruhige, fließende Tätigkeit ist förderlich für die kontemplative Atmosphäre, wohingegen jede Unterbrechung des Rhythmus – unklare Anweisungen, Verwirrung darüber, wer sprechen darf, eine plötzliche Änderung – kann die Teilnehmer aus ihrem kontemplativen geistigen Zustand herausreißen, der wertvoll, aber empfindlich ist. Eine Struktur ist deshalb unerlässlich.

Eine Sitzung beginnt normalerweise mit einer kurzen, zielgerichteten Einführung durch den Moderator, der kurz den ausgewählten philosophischen Text erklärt. Abhängig vom Text und dem persönlichen Stil des Moderators, kann die Einleitung aus ein paar kurzen Sätzen bestehen; im Fall eines schwierigen Textes kann diese auch zehn Minuten oder länger sein, während derer die Kernideen erläutert werden.

Die Sitzung endet mit einem kurzen Resümee, einem Rückblick auf die Sitzung und einem Austausch von Einsichten und Erfahrungen.

Der mittlere Teil der Sitzung besteht aus der kontemplativen Betrachtung des Textes. Sie nimmt den Großteil des Zusammentreffens ein und wird vom Moderator sorgfältig ausgearbeitet. Sie setzt sich aus einer Reihe von Übungen zusammen, die so gestaltet sind, dass sie die Teilnehmer darauf hinführen, aus ihrer inneren Tiefe heraus zu denken und zu kommunizieren. Diese Übungen können grundsätzlich in drei Arten unterteilt werden: Übungen für eine erste Annäherung an den Text, Übungen zur kontemplativen Betrachtung des Textes und Übungen, um den eigenen persönlichen Einsichten Ausdruck zu verleihen.

Bei der ersten Art von Übungen treffen die Teilnehmer zum ersten Mal auf den Text. Hier liegt der Schwerpunkt auf dem Verständnis des Textes, was das Verstehen schwieriger Wörter und Sätze und das Erkennen der Kernaussagen miteinschließt. Das wird üblicherweise durch den halbkontemplativen Vorgang des „interpretierenden Lesens" erreicht, bei dem die Teilnehmer Textpassagen mehrmals lesen, indem sie ihre kurzen Interpretationen hinzufügen – jedoch auf einen fließenden Ablauf achtend, um den kontemplativen Geist nicht zu unterbrechen. Für den Moderator besteht hier die Gelegenheit, wichtige interpretierende Erläuterungen hinzuzufügen, die der Erklärung des Textes dienlich sind.

Die zweite Art von Übungen wird im mittleren Teil der Sitzung ausgeführt, wo sich der Schwerpunkt verlagert, von der Annäherung an das Verstehen des Textes hin zum kontemplativen Betrachten des Textes, aus der eigenen inneren Tiefe heraus. Dabei begeben sich die Teilnehmer in eine tiefe Resonanz mit dem sich ihnen präsentierenden Gedankenguts. Dank gezielter Übungen, durch die die Teilnehmer tiefe Bedeutungsebenen in ihrer inneren Tiefe wahrnehmen können – ausgelöst durch die Worte des Textes – gelingt es ihnen, das zu bilden, was wir eine Polyphonie von Vorstellungen nennen.

Zu diesem Zeitpunkt, wenn die Teilnehmer sich tief im Text und in der kontemplativen Geisteshaltung befinden, sind sie bereit für die dritte Art von Übungen, bei denen sie ihrer eigenen persönlichen Stimme Ausdruck verleihen können. Das ist die kreative Phase, die des Ausdruck Verleihens von Einsichten, die aus der eigenen inneren Tiefe hervortreten. Das kann erst nach dem Eintauchen in die eigene innere Tiefe wirksam erfolgen und selbst dann geschieht es nicht immer. Tiefe Einsichten sind ein Geschenk aus der Tiefe, um es so auszudrücken, sie können sich unter Umständen auch nicht einstellen.

Der Stimme lässt sich sowohl mündlich als auch still schreibend Ausdruck verleihen. Nach Abschluss, können die Teilnehmer ihre Schriftstücke einander vorlesen oder Einblicke in ihre Einsichten auf andere Weise mitteilen. Der Höhepunkt der kontemplativen Betrachtung ist nun vorbei und die Gruppe ist bereit für den Ausklang der Sitzung, die sich in Form eines gewohnten Durchgangs von Antworten auf die Frage darstellt: „Was nehmen wir für uns aus der Sitzung mit?"

Ungeachtet der während der Sitzung durchgeführten besonderen Übungen, ist der übergreifende kontemplative Ablauf auf natürliche Weise fließend, vom Anfang bis zum Ende, wie bei einer musikalischen Darbietung.

## Der philosophische Text

Im Mittelpunkt jeder philosophischen kontemplativen Sitzung steht ein kurzer philosophischer Text, vom Moderator ausgewählt aus dem Repertoire an Texten der Geschichte der Philosophie. Er umfasst etwa zwei Seiten (mit 400 bis 600 Wörtern circa) und enthält ein klar definiertes philosophisches Konzept, prägnant und klar formuliert. Während der Sitzung denken die Teilnehmer in der Gruppe über den Text nach und treten in Resonanz mit ihm; dies ermöglicht der Gruppe eine Annäherung im Miteinander an ein allgemeines Kernelement.

Die Texte, die wir für die philosophische kontemplative Betrachtung verwenden, drücken generell elementare menschliche Umstände aus, von innen heraus betrachtet: die Begegnung mit der anderen Person (in der Philosophie der Liebe beispielsweise), das Erschaffen oder der Genuss eines Kunstwerks (in der Philosophie der Ästhetik), das Gefühl über sich selbst, in der Gegenwart der Natur usw. Anders ausgedrückt sind unsere Texte über die Wirklichkeit, so wie wir ihr begegnen.

Diese Wahl des Textes ist selbstverständlich nicht zufällig. Ein Text, der eine menschliche Begegnung zum Inhalt hat, ermöglicht mir als kontemplativ Betrachtenden, mich selbst in die Welt des Textes hineinzuversetzen. Ich kann in seine Landschaft „hineintreten" und sie von innen erleben. Im Vergleich dazu lässt mich ein vollkommen objektiver Text, der bloß einen Gegenstand beschreibt und meine Begegnung mit dem selbigen ignoriert, als externen Betrachter zurück.

Genauso wenig ist es Zufall, dass wir für die kontemplative Betrachtung nur philosophische Texte verwenden, im Gegensatz zu Dichtung oder Geschichtsbüchern, da solche Texte ausgerichtet sind auf bestimmte Personen, bestimmte Gegenstände, bestimmte Ereignisse und nicht auf allgemeine, fundamentale Bedeutungsebenen, die das Fachgebiet der Philosophie sind. Lasse ich mich kontemplativ auf einen geeigneten philosophischen Text ein, kann ich in die Welt grundlegender Bedeutungsebenen eintreten und sie von innen ausloten.

**Der Moderator**

Der Moderator ist selbst ein Teilnehmer, der durch die kontemplative Sitzung von Deep Philosophy führt. Er oder sie bereitet den Text für die kontemplative Betrachtung vor, eröffnet die Sitzung, indem er/sie der Gruppe erläutert, was zu erläutern ist, und führt die Teilnehmer durch eine Anzahl an Übungen. Die Moderatoren sind generell erfahrener als andere Mitwirkende; sie haben ein von Deep Philosophy organisiertes Schulungsprogramm für Moderatoren abgeschlossen.

Moderatoren steuern die Sitzung wie ein Kapitän sein Schiff. Sie geben prägnante Anweisungen und Beispiele und bestimmen so das Tempo und den Rhythmus der kontemplativen Tätigkeit, sodass diese reibungslos und gleichmäßig abläuft, was entscheidend für die kontemplative Atmosphäre und somit für den Erfolg der kontemplativen Betrachtung ist. Aufgrund der guten Vorbereitung des Textes können sie vereinzelte Kommentare abgeben, die es den Teilnehmern erleichtern schwierige Passagen zu verstehen und zentrale Ideen zu erkennen, die hervorgehoben werden sollten. Daher ist bei jeder Übung der Moderator meist der Erste, der spricht. Oftmals kann ein kurzer Kommentar (wenn die Übung es erlaubt) dabei helfen, die Gruppe in eine konstruktive Richtung zu lenken.

In vielen Belangen erfordert die Moderation die Fähigkeit zwischen Extremen auszugleichen. Zum Beispiel sollten die Moderatoren ihre gelegentlichen Anmerkungen kurz genug halten, um den Fluss der Sitzung nicht zu stören, sie sollten dennoch ausführlich genug sein, um Verständnisproblemen vorzubeugen. Sie sollten ihre Übungen auch offen und flexibel genug gestalten, um den Teilnehmern zu ermöglichen, sich kreativ auszudrücken, aber nicht zu offen, um nicht Grenzen aufzulösen und die Konzentration zu verlieren. Sie sollten ebenfalls wissen, wann eine Übung beendet werden sollte – nicht bevor die Teilnehmer auf den Grund ihrer erhaltenen Aufgabe gestoßen sind und auch nicht zu lang, damit mögliche Wiederholungen keine Langeweile aufkommen lassen. Diese und vergleichbare Elemente tragen zu einer guten Moderation bei.

**Die drei Rollen des Moderators**

Allgemein gesprochen hat der Moderator einer kontemplativen Sitzung drei Hauptrollen, die metaphorisch so beschrieben werden können: der Moderator als Reiseführer, der Moderator als Dirigent und der Moderator als Schamane.

Als Reiseführer führt der Moderator die Teilnehmer durch die Welt des Textes, vor allem während ihrer ersten Begegnung mit diesem am Anfang der Sitzung, ähnlich einem Fremdenführer, der Touristen durch die Straßen einer Stadt führt. Dies beinhaltet mehrere Aufgaben. Erstens müssen Moderatoren gewährleisten, dass die Teilnehmer schwierige Wörter im Text verstehen oder derartige, die eine besondere philosophische Bedeutung besitzen. Zweitens müssen sie auf die hauptsächlichen „Orientierungspunkte" in der „Ideenlandschaft" des Textes aufmerksam machen. Teilnehmer, die einem Text erstmalig begegnen, vor allem diejenigen mit wenig philosophischem Hintergrund, stoßen oft auf Schwierigkeiten zwischen Kern – und Randideen zu unterscheiden. Sie mögen jeden Satz an sich verstehen, doch es gelingt ihnen nicht zu erkennen, wie die Sätze sich miteinander zu einer übergreifenden Landschaft verbinden.

Deshalb muss der Moderator dafür Sorge tragen, dass der Text jedem klar ist, sowohl auf sprachlicher als auch konzeptioneller Ebene. Ein Teil dieser Verdeutlichung kann in einer kurzen, fünf- bis zehn Minuten dauernden Einleitung vor Beginn des kontemplativen Teils erfolgen, kann aber auch in die kontemplativen Übungen selbst integriert werden. Während des Lesens des Textes mit der Technik des „interpretierenden Lesens", kann der Moderator beispielsweise kurze Erklärungen hinzufügen, ohne den Ablauf der Sitzung zu stören. Er kann eventuell für ein schwieriges Wort ein Synonym anbieten, zur Betonung eines wichtigen Satzes die Sprachmelodie verändern oder einen Satz neu formulieren und vereinfachen usw.

Die zweite Rolle des Moderators im metaphorischen Sinne, ist die des Orchesterdirigenten. Wie ein Dirigent das Orchester dazu bringt, eine zusammenhängende, gleichmäßig fließende Musik zu kreieren, ist der Moderator verantwortlich für die „Musik der Gedanken", die sich in der Gruppe entwickeln, ihrem Rhythmus, ihrem Tempo und ihrem Fluss. Diese Eigenschaften sind maßgeblich für einen kontemplativen Geisteszustand. Nicht durch Zufall sind die Musik und das Rezitieren so wesentlich in nahezu allen Traditionen auf spiritueller Ebene, zum Teil weil sie die Kraft der Worte verstärken und ihnen einen Sinn besonderer Relevanz verleihen.

Diese musikalischen Auswirkungen sind auch bei der Textkontemplation wichtig, weil sie die philosophischen Worte verstärken, damit sie in der eigenen inneren Tiefe nachklingen. Mit anderen Worten, sie tragen dazu dabei, den Geisteszustand des Teilnehmers an der Sitzung vom analytischen Denken zum inneren Zuhören und zur geistigen Einstimmung auf die tiefen Bedeutungsebenen des Textes zu verlagern. Dank einer entsprechenden Stimmlage, eines ruhigen Rhythmus, sanften Übergängen, einschließlich kontemplativen Übungen, die eine poetische Ausdrucksweise fördern oder die Textabschnitte wiederholt lesen lassen, ist ein guter Moderator in der Lage, dem dialogisch-philosophischen Austausch der Gruppe jene Eigenschaften zu verleihen, die der Musik bereits zu eigen sind, nämlich die innere Aufmerksamkeit der Teilnehmer zu wecken.

Die dritte Rolle des Moderators ist die des Schamanen. So wie der klassische Schamane zwischen der menschlichen Welt des jetzt und hier und der Welt der verborgenen Kräfte vermittelt, so vermittelt der Moderator zwischen dem irdischen Bewusstsein der Teilnehmer und den tiefen Bedeutungsebenen in ihrer inneren Tiefe. Anders als ein Schamane empfängt der Moderator allerdings keine besonderen Visionen und Kräfte, sondern unterstützt vielmehr die Teilnehmer dabei, ihre eigenen selbst zu entwickeln.

Ein guter Schamanen-Moderator erzeugt ein Gefühl von Ernsthaftigkeit und Erstaunen im Kopf der Teilnehmer; man kann keinen Zugang zu tiefen Bedeutungsebenen finden mit einer lockeren, ernüchterten oder vergnügten Einstellung, so wie man im Vergleich nicht wirklich an einem spirituellen Ritual teilnehmen kann, wenn man eine scherzhafte oder respektlose Haltung einnimmt. Mit seiner Sprachmelodie und seiner Wortwahl stimuliert der Moderator die Teilnehmer, ausgewähltes Gedankengut im Text zu bestaunen, ihre Tiefe, ihre Reichhaltigkeit und ihre überraschenden Folgerungen und fördert so, über die reine intellektuelle Neugier hinauszugehen hin zu einer Haltung des Staunens angesichts der erweiterten Horizonte der Wirklichkeit – als ob wir einen Tempel oder einen sakralen Raum beträten.

Um ein solches Gefühl von sakralem Raum zu erzeugen, kann der Moderator die Teilnehmer kurz auf die Stelle im Text hinweisen, die bemerkenswert, überraschend, erstaunlich ist – kurz, was wir manchmal das „Feuer" oder den „Wow!" Effekt im Text nennen. Häufig genügt es, einen beeindruckenden Ausdruck im Text zu betonen und die Teilnehmer zu bitten, diesen verbal wiederzugeben oder ihn im Kopf festzuhalten, bis das einfach zugängliche, oberflächliche Verständnis sich tieferen Bedeutungsebenen öffnet.

## Kapitel 11

# METHODEN

Die philosophische kontemplative Betrachtung ist eine strukturierte Betätigung, die darauf ausgerichtet ist, uns über das übliche Denken hinaus zu unserer inneren Tiefe zu führen. Wie viele andere Arten von spezialisierten, auf Konzentration basierende Praktiken – Yoga, Meditation, Musizieren und Kampfsport – bedarf sie der Einhaltung besonderer Vorgaben und Methoden.

### A. *Übungen für den Beginn der Sitzung*

Zu Beginn einer Sitzung von Textkontemplation ist die Gruppe mit zwei wichtigen Aufgaben konfrontiert: dem Eintritt in einen kontemplativen Geisteszustand und dem Verständnis des philosophischen Textes. Folgende Übungen werden gewöhnlich zu diesem Zweck verwendet.

#### 1. Kurzmeditation

Eine kontemplative Sitzung beginnt in der Regel mit einer Kurzmeditation, einer kurzen meditativen Technik, bei der die Teilnehmer ihre Augen schließen und den Anweisungen des Moderators Folge leistend nach innen ausrichten.

Die Kurzmeditation hat im Kern zwei Funktionen. Erstens stellt sie den Übergang dar von den normalen Aktivitäten des Tages zum Moment des kontemplativen in-sich-Gehens. Zweitens und im praktischen Sinne hat sie das Ziel, den Geist zu beruhigen und ihn für das kontemplative Betrachten vorzubereiten. Denn wenn die Teilnehmer sich hinsetzen, um mit dem kontemplativen in-sich-gehen zu beginnen, ist ihr Geist noch rührig vom täglichen Getümmel und einige Minuten zur Entschleunigung sind zweckmäßig.

Kurzmeditationen befassen sich, per Definition, nicht mit philosophischen Texten oder Gedanken (anderenfalls würden sie als kontemplative Übungen betrachtet). Sie sind vorbereitende Übungen und sie sind in der Regel kurz, sie dauern circa drei bis fünf Minuten.

Verschiedene meditative Übungen werden bei den Deep Philosophy Sitzungen eingesetzt. In einigen Versionen werden die Teilnehmer gebeten, sich ihrer Beschäftigungen des Tages zu erinnern, um sie sodann zur Seite zu schieben und präsent und konzentrierter zu werden.

Bei anderen Kurzmeditationen liegt der Mittelpunkt der Aufmerksamkeit auf dem Körper. Die Teilnehmer können sich auf ihren Atem konzentrieren oder ihre Aufmerksamkeit auf ihren Kopf lenken und dann langsam ihren Körper heruntersteigen, bis sie ihre Füße erreichen, oder sie können sich auf die Atembewegungen in ihrem Körper konzentrieren und dabei sacht ihre Aufmerksamkeit abwärts von der Nase zu Mund, Hals, Brustkorb, Bauch und dergleichen verlagern.

Bei einer dritten Art von Kurzmeditation – den Anweisungen des Moderators folgend – verändern die Teilnehmer ihre innere Haltung durch eine Aneinanderreihung von Bildern. Dabei werden sie zum Beispiel gebeten die Gedanken loszulassen, die sie umgebenen Begrenzungen zu überschreiten, im Schoss der Welt Ruhe zu finden usw.

## 2. Interpretierendes Lesen

Nach der Kurzmeditation, wenn der Geist ruhig und konzentriert ist, kommt der Moment, sich dem philosophischen Text zu widmen. Da der Text den meisten Teilnehmern nicht bekannt ist, ist es nötig, ihn zuerst zu lesen und zu verstehen, ohne die kontemplative Grundstimmung zu verlieren. Die dafür gängigste Übung ist das „interpretierende Lesen", bei der sich die Teilnehmer gemeinsam einem neuen philosophischen Text auf halbkontemplative Weise zuwenden.

Der Grundgedanke des interpretierenden Lesens liegt darin, dass jeder Absatz mehrmals vorgelesen wird (gewöhnlich drei oder vier Mal), nacheinander von verschiedenen Teilnehmern. Um den Rhythmus nicht zu unterbrechen, wird vorab festgelegt, wer wann liest, entsprechend der alphabetischen Reihenfolge (bei Online-Treffen) oder der Sitzposition folgend (wie bei Präsenzsitzungen). Die Leser werden dazu angeregt, beim Lesen des Textes ihre eigenen interpretativen Erläuterungen hinzuzufügen, vorausgesetzt, sie sind kurz und lassen sich in den Lesevorgang einbinden. Sie können beispielsweise einen schwierigen Begriff mit einem Synonym ersetzen oder einen komplexen Satz anders formulieren, damit er verständlich wird; ihre Aufgabe ist es, zu erklären, was der Text sagt, ohne dabei persönliche Meinungen zu vermitteln.

Der Moderator ist in der Regel derjenige, der einen Abschnitt zuerst liest. Nachdem der Moderator den ersten Abschnitt interpretativ zu Ende gelesen hat, lesen andere Teilnehmer denselben Absatz erneut vor, (bei Bedarf bis zu vier oder maximal fünf Leser). Nachfolgend geht der Moderator zum zweiten Absatz über – weiterhin mit ergänzenden Interpretationen. Ihm folgen zwei oder mehr Leser, die denselben Absatz vorlesen. Die nachfolgenden Abschnitte werden auf dieselbe Weise vorgelesen, bis zum Ende des Textes.

Während des Lesens werden die Teilnehmer gebeten, jedem Wort entsprechende Aufmerksamkeit zu schenken, auf seinen Klang und seine Intonation, auf die Bildsprache, die es weckt und seine Bedeutung. Dieses aufmerksame Zuhören, zusammen mit der sich wiederholenden Lektüre desselben

Absatzes, stellen den Beginn einer kontemplativen Atmosphäre dar. Es ist nur der Anfang, da es noch eines gewissen Maßes an Textanalyse bedarf, diese ist jedoch nicht völlig intellektuell. Sie kann als Mittelweg zwischen diskursivem, analytischem und kontemplativem Denken betrachtet werden.

Um die kontemplative Atmosphäre zu intensivieren, sowie auch das Gefühl des Miteinanders zu verstärken, kann der Moderator nach ein paar Absätzen eine kurze kontemplative Übung dazugeben, die unter anderem die mantraartige Wiederholung eines ausgewählten Satzes sein kann („Rumination" oder „Ruminatio" genannt) oder die Resonanz mit dem Text, die erreicht wird durch das sogenannte „wertvolle Sprechen" (*precious speaking*, bestehend aus kurzen, prägnanten Sätzen und poetisch in der Ausdrucksweise) usw.

### 3. Das Zeichnen einer Ideenkarte (*map of ideas*)

Eine anspruchsvollere Übung zum Bearbeiten eines philosophischen Textes ist das Zeichnen einer Ideenkarte (Gedankenlandkarte). Die Karte ist dafür geeignet, die konzeptionelle Struktur des Textes zu präsentieren nämlich das, was wir als seine „Ideenlandschaft" bezeichnen. Wir betrachten sie als „Landschaft", weil sie der Art entspricht, wie Orientierungspunkte auf einem geografischen Gebiet angeordnet sind. So wie eine geografische Landschaft aus Hügeln, Seen, Flüssen usw. zusammengesetzt ist, ist eine Theorie aus verschiedenen Konzepten erstellt, die bestimmte Standorte auf einem konzeptionellen Gelände besetzen und in einer gewissen Beziehung zueinanderstehen.

Wenn wir die konzeptionelle Landschaft einer Theorie aufzeichnen, ist das Ergebnis eine „Ideenlandkarte". Die beiden Dinge sollten jedoch nicht miteinander verwechselt werden: Eine Landschaft von Ideen ist eine abstrakte konzeptionelle Struktur, während eine Landkarte von Ideen eine Zeichnung auf einem Blatt Papier (oder auf einem Computerbildschirm) ist, das jene Landschaft abbildet.

Die genaue Landschaft von Ideen eines Textes zu erkennen, ist für ein Zusammentreffen von Deep Philosophy nicht immer relevant. Doch wenn der Moderator der Ansicht ist, dass diese visuelle Übung zu mehr Verständnis über die logische Struktur des Textes führt, kann er die Ideenkarte des Textes von der Gruppe gemeinsam zeichnen lassen.

Die Übung beginnt, nachdem die Gruppe den Text schon zumindest einmal gelesen hat, mittels interpretierenden Lesens oder anhand einfachen schnellen Lesens. Der Moderator fordert dann die Teilnehmer in freier Reihenfolge auf, die Konzepte verbal auszudrücken, die ihnen im Text wichtig erscheinen. Damit die kontemplative Atmosphäre erhalten bleibt, wird von den Teilnehmern erbeten, keine weitere Erläuterung über ihre Wahl mitzuteilen – es wird nur das Konzept formuliert. (Das Konzept sollte nicht mittels eines Satzes ausgedrückt werden, sondern mit einem Wort oder einem Begriff – beispielsweise „Liebe", „Die Macht der Ideen", „das Ich" usw.)

Nach ein paar Minuten beendet der Moderator den Vorgang und fasst alle Konzepte zusammen, die soweit genannt worden sind, meistens zwischen fünf und zehn. Das Notieren der Begriffe kann auf einer Tafel erfolgen oder auf Karten, die auf dem Fußboden ausgebreitet werden. Bei Online-Sitzungen können die Begriffe auf eine allen zugängliche Seite wie Google Docs geschrieben werden.

Nun ist der Moment, die Auflistung der Konzepte in einer Übersicht, einer Landkarte, anzuordnen. Zunächst werden die Worte in ein Konzept zusammengefasst, die vergleichbar sind. (Beispielsweise würden die Worte „Liebe" und „liebend" beide als Konzept der „Liebe" festgehalten werden.) Danach fragt der Moderator, welches der Konzepte es wert sei, in der Mitte der Karte positioniert zu werden und welche Begriffe zweitrangig seien und mit größerem Abstand um das Zentrum herum gruppiert werden sollten; letztlich fragt er, wie sie sich zueinander verhalten. Linien können gezogen werden, um solche Zusammenhänge aufzuzeigen. Die Konzepte können den Vorschlägen der Teilnehmer folgend solange hin- und hergeschoben werden, bis eine befriedigende Ideenkarte herausgekommen ist.

Es versteht sich von selbst, dass diese Übung nicht ganz kontemplativ sein kann. Sie erfordert ein gutes Maß an analytischem Denken sowie eine Form von Kommunikation basierend auf Fragen und Antworten. Folglich ist es das Beste, sie am Anfang der Sitzung durchzuführen, ehe die Teilnehmer sich voll in das kontemplative Denken vertiefen.

### B. *Kontemplative Übungen*

Nachdem den Teilnehmern der Text deutlich geworden ist und sie eine kontemplative geistige Haltung erlangt haben, ist der Moment gekommen, sich intensiver in die kontemplative Betrachtung zu begeben. Die folgenden Übungen sind die wichtigsten, die wir einsetzen.

### 4. Wertvolles Sprechen (*Precious Speaking*)

Das wertvolle Sprechen ist ein wesentlicher Vorgang, bei dem die Teilnehmer ihren Eingebungen auf kontemplative Weise Ausdruck verleihen. Um ihren kontemplativen Geist zu begünstigen, müssen sie in sich hören, während sie ihre Einsichten kurz, präzise und sinnvoll äußern. Sie sollten auch versuchen, soweit es ihnen möglich ist, aus ihrer inneren Tiefe zu sprechen, dabei Einsichten auszudrücken, die in ihnen lebendig sind und Meinungsbildung beiseite zu schieben. Diese konzentrierte, unmittelbare, jedoch aufmerksame Weise zu sprechen ändert den eigenen Zustand des Geistes und macht ihn noch andauernder kontemplativ.

Dieser Vorgang basiert auf mehreren Regeln der Kommunikation und des Zuhörens. Die Regeln der

Kommunikation sind: Erstens, man muss sich präzise ausdrücken, ohne Wiederholung oder überflüssige Ergänzungen, sich dabei auf einen Satz beschränkend. Zweitens, die Worte müssen wie ein wertvolles Juwel behandelt werden, wie ein kostbares Geschenk an die Gruppe. Drittens, es muss das ausgedrückt werden, was gerade im eigenen Innern lebendig ist, und nicht bereits geläufige Meinungen. Viertens, wenn auf die Gedanken der anderen Teilnehmer oder auf den Text reagiert wird, soll nicht *über* diese gesprochen, sondern in Resonanz *mit* diesen getreten werden. Im Wesentlichen sollte nicht über sie geurteilt oder diese bewertet werden, genauso wenig wie ihnen zugestimmt oder ihnen widersprochen werden sollte; die Worte sollten vielmehr mit denen der anderen widerklingen wie bei Sängern in einem Chor.

Die Regeln des Zuhörens sind folgende: Erstens, das aufmerksame Zuhören, wenn andere sprechen und sich dabei erinnern, dass das Zuhören nicht weniger bedeutend ist als das Sprechen. Zweitens, wenn andere sprechen, sollte vermieden werden – wenn auch bloß auf gedanklicher Ebene – eine zustimmende oder ablehnende Reaktion aufkommen zu lassen. Es sollte hingegen ein innerer Raum des Zuhörens geöffnet werden, damit die Worte hereinkommen können.

Es gibt verschiedene Versionen des wertvollen Sprechens, abhängig vom gesetzten Ziel. In einer offenen Version bittet der Moderator die Teilnehmer, frei mit einem Satz, einer Idee aus dem Abschnitt, der sie berührt hat, in Resonanz zu treten. In einer zielgerichteteren Version formuliert der Moderator eine Frage, auf die die Teilnehmer konkret antworten sollen. In einer persönlicheren Variante bittet der Moderator die Teilnehmer, sich ein bestimmtes, kürzlich gemachtes Erlebnis in Erinnerung zu rufen und danach „von" diesem in der Form des „wertvolles Sprechen" zu reden. In einer strikteren Form werden die Teilnehmer gebeten, den Satz einer Aussage zu beenden, den der Moderator angefangen hat. Manchmal werden die Teilnehmer auch ersucht, eine sofortige Antwort zu geben, ohne Zeit des Nachdenkens einzuräumen, sodass die Antwort die Stufe des bewussten Denkens überspringt, damit keine vorformulierten Ideen aufkeimen können.

Auch die Abfolge des Sprechens bei diesen Übungen kann sich unterscheiden. Eine Version ist, dass die Teilnehmer nur dann sprechen, wenn sie an der Reihe sind (nach Sitzordnung oder in alphabetischer Reihenfolge). Eine andere ist die ohne feste Reihenfolge, in der die Teilnehmer sprechen können, wenn sie spüren, dass eine Idee zum Ausdruck kommen „will". Beim Sitzen in einem Kreis, können die Teilnehmenden einen Gegenstand (einen glatten Stein zum Beispiel) verwenden, den der jeweils Sprechende dann in der Hand hält.

### 5. Rezitieren in Wiederholungen ( *Ruminatio, Recitation*)

Das Rezitieren in Wiederholungen (*Ruminatio*) ist ein weiter wichtiger kontemplativer Vorgang in der Gruppe. Der Moderator wählt einen Satz aus einem philosophischen Text aus, möglichst einen bedeutungsvollen, den die Teilnehmer dann wiederholt rezitieren, einer nach dem anderen, gemäß einer vorbestimmten Reihenfolge. Das Rezitieren (*Ruminatio*) dauert bisweilen fünf oder sogar mehr Minuten lang an. Während die Teilnehmer darauf warten, dass sie an der Reihe sind, hören sie der Rezitation der anderen aufmerksam zu, wobei sie sich auf ihre Worte konzentrieren und Ablenkungen vermeiden.

Beim mehrfachen Wiederholen eines Satzes verlieren die Worte nach einer Weile ihre gewöhnliche Bedeutung. Wir hören nicht mehr nur die bloße mit den Worten übermittelte Idee, wie wir es in normalen Gesprächen tun, sondern wir nehmen auch die Worte selbst wahr – ihren Klang, ihren Rhythmus, ihre Betonung. Darüber hinaus verliert auch unser Denken seinen analytischen und logischen Charakter und wir achten mehr auf jede Art von Assoziation und verborgener

Bedeutung. Häufig wecken besondere Redewendungen unsere Aufmerksamkeit, die in unserem Geist neue Bilder und Einsichten nähren.

Die Übung sollte durchgeführt werden, nachdem die Gruppe einen Teil des Textes bearbeitet und verstanden hat und sich nun stärker in ihn vertiefen möchte. Dies stellt sicher, dass der ausgewählte Satz nicht fehlinterpretiert wird, da die Teilnehmer den Text bereits verstanden haben, in den er eingefügt ist.

**6. Behutsames Lesen (*Gentle Reading*)**

Das behutsame Lesen ist eine Übung, bei der ein philosophischer Text sehr langsam, aufgeschlossen und mit einer besonderen Aufmerksamkeit für jedes Wort gelesen wird; dies dient dazu, die gewöhnliche Art und Weise, mit der der Kopf das Lesen betreibt, zu brechen. Dies kann entweder individuell oder in der Gruppe durchgeführt werden.

Bei der individuellen Version sitzt man ruhig, den Text viel langsamer als üblich lesend, kostet die Worte und Ideen, die durch den eigenen Kopf fließen, achtsam bedacht, ihnen keine Interpretation vorzuschreiben. Jegliche Gedanken und Bewegungen der Augen und des Körpers sind sanft und fließend, frei von Anstrengung oder Schnelligkeit, ob man nun eine Seite umschlägt, ein Wörterbuch öffnet oder die Sitzposition verändert.

Beim Lesen auf diese behutsame Weise, hört man auch sorgsam auf die Gedanken und Bilder, die als Antwort auf den Text im eigenen Kopf erscheinen können. So, als wollte der Text im Geist des Lesenden sprechen wollen und man deshalb für diesen den inneren Raum freimachte, den er benötigt. Gelegentlich, wenn ein Wort oder ein Ausdruck im Text Aufmerksamkeit weckt, kann man ihn mehrmals leise lesen und ihm zuhören, wie dieser in einem spricht.

Auch in der Version der Gruppe lesen die Teilnehmer still wie in der individuellen Variante, aber das Tempo wird vom

Moderator festgelegt, der den Anfang jedes Satzes vorgibt, indem er dessen erste Worte laut vorliest. Der Moderator kann zum Beispiel das erste Wort des ersten Satzes laut vorlesen, dann in Ruhe ein paar Sekunden lang warten, während derer die Teilnehmer den Rest des Satzes schweigend behutsam lesen; danach liest er den Anfang des zweiten Satzes laut vor, wartet wieder einige Sekunden und so weiter bis zum Ende des Absatzes. Alternativ kann der Moderator die Teilnehmer einfach nur bitten, sich ein paar Minuten Zeit zu nehmen und den ausgewählten Abschnitt still und behutsam für sich selbst zu lesen.

Nach dem behutsamen Lesen (*gentle reading*) können die Teilnehmer durch wertvolles Sprechen (*precious speaking*) oder mittels einer schriftlichen Übung die Redewendungen im Text mitteilen, die sie beeindruckt haben, wie auch jene Einsichten, die in ihrem Kopf aufgetaucht sind.

**7. Behutsames Schreiben (*Gentle Writing*)**

Beim behutsamen Schreiben betrachten wir einen kurzen philosophischen Text kontemplativ, während wir ihn genau und sorgsam auf einem Blatt Papier abschreiben und uns dabei die Schreibbewegungen der Hand vergegenwärtigen. Die Bewegungen der Finger und des Stiftes erlangen eine intensive Präsenz und mit Faszination sieht man sie sich verselbständigen. Der auf die Form jedes Buchstabens konzentrierte Kopf lässt seinen automatischen Denkmodus hinter sich und hört die Worte des Textes „sprechen" und Ideen oder Bilder hervorrufen.

Das behutsame Schreiben kann besonders wirkungsvoll sein, wenn in Schönschrift geschrieben wird. Dafür braucht es keinen professionellen Schreibkünstler. Entscheidend ist nicht ein schönes Ergebnis, sondern der Vorgang des behutsamen Schreibens an sich.

## 8. Freies Lesen

Diese Methode hat das Ziel, unsere automatischen Denkmuster zu durchbrechen. Hier lesen wir einen philosophischen Text oder hören zu, während er vorgelesen wird, bei entspanntem Geist und ohne zu versuchen, sein Gedankengut mit persönlichen Interpretationen zu erfassen. Auf natürliche Weise lassen wir die Worte und Ideen durch unseren Geist gleiten.

In der individuellen Variante entspannen wir unseren Geist und lesen den Text in Ruhe und mit Sanftmut und lassen dabei die Worte vorbeigleiten, ohne jegliche Mühe sie verstehen zu wollen.

In der Variante der Gruppe wird der Text vom Moderator laut vorgelesen (oder durch einen Teilnehmer, der ein guter Leser ist), während die anderen Teilnehmer schwerelos mit geschlossenen Augen zuhören. Beim Zuhören mit geschlossenen Augen mag es anspruchsvoller sein, dem Text zu folgen, aber in dieser Übung macht das Zuhören keine Mühe – da das Ziel ist, einfach die Worte durch den Kopf fließen zu lassen. Vielleicht gehen einige der Ideen dabei verloren, doch die Aufmerksamkeit wird gefesselt durch einen flüchtigen Gedanken, ein paar Bilder oder manche Idee. Das Ergebnis wird eine andere Art von Verständnis sein – bruchstückhaft, vage, jenseits einer logischen Struktur, überschaubar und dennoch tiefgründig.

Nach der Übung können die Teilnehmer auf Basis der Methode des wertvollen Sprechens ihre gewonnenen persönlichen Einsichten aus dem Text mitteilen.

## 9. Geführte philosophische Vorstellungswelt

Bei der Methode der geführten philosophischen Vorstellungswelt erkunden wir einen kurzen philosophischen Text durch visuelle Bildsprache. Die Teilnehmer versetzen sich in ihrer Vorstellung in die vom Text beschriebene Welt und untersuchen verschiedene Bereiche oder Aspekte von dieser. Dies ermöglicht ihnen, den nonverbalen Bereichen der vom Text empfangenen Eindrücke Ausdruck zu verleihen.

Der philosophische Text in dieser Übung muss für die Visualisierung passend sein. Gute Beispiele sind Platons Höhlengleichnis (sich das Sitzen in der Höhle vorstellen, dann aufzustehen und zum Ausgang zu gehen), Nietzsches drei Metamorphosen (Kamel, Löwe und Kind) oder Bergsons Metapher von unserem inneren Leben als einem von toten Blättern bedeckten See.

Bevor wir anfangen, lesen die Teilnehmer den Text, um seine Grundideen zu verstehen; dabei verwenden sie eine Textlernmethode ähnlich der des interpretierenden Lesens. Nachfolgend werden sie vom Moderator gebeten, ihre Augen zu schließen und sich vorzustellen, dass sie sich an einem bestimmten Ort in der vom Text beschriebenen Welt befinden (zum Beispiel in Platons Höhle zu sitzen oder an Bergsons See zu stehen). Danach werden sie gebeten, sich in eine bestimmte Richtung zu bewegen oder hin zu einem bestimmten Ort (etwa aus Platons Höhle hinauszugehen oder in Bergsons See hinein zu tauchen). Schweigend stellen sie sich diese Reise vor, bemerken die sich ändernde Landschaft und begegnen verschiedenen Objekten, was immer ihre Vorstellungskraft entstehen lässt. Nach circa fünf Minuten bittet sie der Moderator, innezuhalten, sich umzudrehen und zurückzukehren. Am Ausgangspunkt angekommen, verlassen sie sacht die Vorstellungswelt und sind wieder präsent im Zimmer zurück.

Der Moment ist gekommen, die erlebten Erfahrungen, in Worte zu fassen und der Gruppe mitzuteilen. Dies kann mit verschiedenen Methoden erfolgen wie etwa mittels wertvollen Sprechens, dem Schreiben eines philosophischen Gedichts in der Gruppe oder durch Zeichnen.

## 10. Das Öffnen einer Tür zur Tiefe

Mit „Tür zur Tiefe" meinen wir das Element eines philosophischen Textes – gewöhnlich einen Satz oder einen Ausdruck – voll von Bedeutungen, der uns jenseits der oberflächlichen Betrachtung in Richtung eines tieferen Verständnisses führt. Das Element hat die Funktion eines Verkehrszeichens, das dem Leser sagt, dass er nicht beim oberflächlichen Verständnis der Worte stehen bleiben, sondern weiter durch diese „hindurch" zur Tiefe schauen soll, die sich dahinter verbirgt.

Gewöhnlich beinhaltet eine Tür zur Tiefe eine Idee, die wir nicht völlig mit unserem Kopf erschließen können und gerade deshalb fordert sie den Leser auf, noch tiefer zu gehen. Auch wenn uns dieser Sinngehalt deutlich ist, sind wir dennoch unfähig, diesen in einen eindeutigen Gedanken zu übersetzen. Wie ein dreidimensionales Objekt, das nicht in einen zweidimensionalen Schatten verwandelt werden kann, weigert sich diese, auf eine sprachliche Aussage zusammengefasst zu werden. Trotzdem berührt sie uns gewissermaßen als bedeutend und fordert uns heraus, auf andere Weise verstanden zu werden – durch unsere innere Tiefe.

Die Übung der Tür zur Tiefe kann in kontemplativen Sitzungen angewendet werden, um auf die Teilnehmer hinzuwirken, sich innerlich zu beobachten. Der Moderator bittet die Teilnehmer, den Text in Ruhe, langsam und behutsam gleitend zu lesen und einen Ausdruck oder einen Satz zu ermitteln, der für sie als Tür zur Tiefe dient, oder anders ausgedrückt, sie „einlädt", tiefer einzusteigen auf der Suche nach verborgenen Bedeutungen.

Hat ein Teilnehmer eine solche Tür identifiziert, teilt er sie der Gruppe durch lautes Vorlesen mit. Die anderen Teilnehmer können dann mit dieser Tür in Resonanz treten; sie können sie wiederholen, ihr eine kurze Deutung hinzufügen oder sie bearbeiten. Auf diese Weise wird die

Bedeutung dieser Tür in der Gruppe vertieft und bereichert; die Teilnehmer wenden sich dann wieder dem Text zu, um weitere Türen auszumachen.

**11. Von einer Erfahrung sprechen**
Verschiedene Übungen ermöglichen den Teilnehmern, auf eine individuelle Weise mit philosophischem Gedankengut in Resonanz zu treten, indem sie dieses Gedankengut mit einem Erlebnis der nahen Vergangenheit verbinden. Dies kann dazu beitragen, den Text konkreter und persönlich bedeutungsvoller zu machen.

Eine solche Übung ist „das Sprechen von einer Erfahrung". Der Moderator bittet die Teilnehmer, die Augen zu schließen und ein Erlebnis aus jüngerer Zeit hervorzurufen, das mit einem im Text vorkommenden Gedankengut im Zusammenhang steht. Wenn der Text sich zum Beispiel mit dem Miteinander beschäftigt, kann der Moderator die Teilnehmer bitten, eine kürzlich vorgekommene Situation auszuwählen, bei der sie ein Gefühl des Miteinanders mit jemandem erlebt haben. Oder, wenn der Text von der Bedeutung von Stille handelt, einen Augenblick auszuwählen, in dem sie eine tiefe innere Stille verspürt haben; und so weiter.

Nachfolgend vergibt jeder Teilnehmer seinem ausgewählten Erlebnis schriftlich einen kurzen Titel (ein Ausdruck oder auch nur ein Wort). Wenn ein gemeinsam zugänglicher Bereich zum Aufschreiben zur Verfügung steht (wie bei Google Docs in Online-Sitzungen), können die Teilnehmer auch einen kurzen poetischen, sich auf das Erlebnis beziehenden Satz ergänzen. Es sollten den anderen Teilnehmern jedoch keine weiteren objektiven Informationen über diese Erfahrung mitgeteilt werden.

Nach dieser Einführung beginnt das Herzstück der Übung. Wie beim *„Precious Speaking"* stellt der Moderator eine auf das Thema bezogene Frage (zum Beispiel: „Was geschieht mit /

in mir, wenn ich in einer Gemeinschaft bin?") oder beginnt einen Satz, den die Teilnehmer ergänzen sollen (etwa: „In einem Augenblick der Stille in der Natur erkenne ich, dass ..."). Die Teilnehmer antworten mit voller Stimme, zwanglos und ohne feste Reihenfolge, wann immer Ihnen eine sinnvolle Antwort in den Kopf kommt. Gleichwohl ist es wichtig daran zu erinnern, *von* ihrem ausgewählten Erlebnis zu sprechen und nicht *über* dieses. Und somit tauchen sie alle in ihr persönliches Erlebnis ein und sprechen davon, als ob sie es genau jetzt erleben würden. Ein Beispiel könnte lauten: „Wenn ich in dein Gesicht schaue, fühle ich, dass uns kein Abstand voneinander trennt."

Die Teilnehmer sprechen ein paar Minuten lang weiter *von* ihren jeweiligen Erlebnissen. Der Moderator kann auch weitere Fragen stellen, die einen anderen Blickwinkel auf dasselbe Thema werfen. Obwohl die Teilnehmer sehr wenig über die Erlebnisse voneinander wissen, ist das Ergebnis eine reiche Vielfalt an Stimmen um eine gemeinsame Thematik herum.

## 12. Bereicherung (eine persönliche Erfahrung bereichern)

Auch diese Übung ist entwickelt worden, um Gedankengut des philosophischen Textes mit persönlichen Erfahrungen zu verknüpfen. Anders als in der vorhergehenden Übung konzentriert sich die gesamte Gruppe hier jedoch auf das Erlebnis einer Person und bereichert deren Erfahrung durch ihre Resonanz darauf.

Der Moderator bittet zunächst alle, ein Erlebnis auszuwählen, welches vor kürzerer Zeit stattgefunden hat und in Bezug zum Text steht (beispielsweise ein Moment des beeindruckt-seins durch etwas Erhabenes, wenn der Text von Erhabenheit handelt). Einer der Teilnehmer teilt dann bereitwillig ein paar Sätze *von* dieser Erfahrung mit (im Unterschied zur Beschreibung von außen), wie etwa: „Beim Erleben des endlosen Waldes um mich herum spüre ich, dass ich ein kleiner Teil im unendlichen Raum bin." Die Anderen treten in Resonanz mit dieser Erfahrung, indem sie *von* dieser sprechen, so als ob sie sie selbst erlebten, fügen neue Elemente hinzu und bereichern sie damit. Wichtig ist, dass nicht versucht wird zu erfahren, was derjenige, der sein Erlebnis freiwillig zur Verfügung gestellt hat, tatsächlich erlebt hat; dies ist dabei nicht mehr ausschlaggebend. Die Teilnehmer kreieren nun gemeinsam ein neues imaginäres Erlebnis, das, obwohl es aus der persönlichen Erfahrung einer der Teilnehmer erwächst, nicht originalgetreu sein muss. Das Ergebnis ist ein reiches Netzwerk an Ideen und Sinngehalten, die sich um das anfängliche Erlebnis gruppieren.

Wenn die Zeit es zulässt, kann die Gruppe das Erlebnis eines weiteren Teilnehmers zum Zentrum der Betrachtung machen.

### C. *Einarbeitung und Abschluss der Sitzung*

Nach einer Textkontemplation von etwa einer Stunde Dauer unter Verwendung einiger der obigen Übungen ist der Moment gekommen, die Sitzung abzuschließen. Das Ziel ist, dass die Teilnehmer auf die Sitzung als Ganzes zurückblicken, ihre persönlichen Eindrücke im Gesamten zum Ausdruck bringen und mit den anderen teilen.

### 13. Das Zum-Ausdruck-Bringen *(Voicing)*

Das Zum-Ausdruck-Bringen (oder Voicing) ist ein kontemplativer Prozess, der den Teilnehmern ermöglicht, ihre eigene philosophische Vision auszudrücken, in Form einer persönlichen Reaktion auf den Text als Ganzes. Dies erfordert daher ein Denken und einen Ausdruck des eigenen Ichs auf eine deutlich kreativere Weise, als in den anderen zuvor beschriebenen Übungen möglich wäre. Die Übung wird meist schriftlich durchgeführt, um eine umfassendere Entwicklung des eigenen persönlichen Ausdrucks zu ermöglichen. Sie

## Methoden

erfolgt in der Regel gegen Ende der Sitzung, nachdem sich die Gruppe bereits in den Text vertieft hat und ein genaueres Verständnis über dessen Aussage besitzt.

Der Großteil der Übung wird individuell abgehalten, aber innerhalb der Gruppe. Alle sitzen ruhig zusammen und reflektieren den Text aufs engste – den sie inzwischen gut kennen – mit geschlossenen Augen oder ihn schweigend ruhig lesend. Der Moderator kann eine Frage stellen, um das reflektierende Nachdenken der Teilnehmer anzuregen.

In diesem Augenblick der Reflektion bemerken die Teilnehmer Einsichten, die sich spontan in ihrem Bewusstsein auftun, notieren sie in wenigen Zeilen mit knappen, poetischen Worten. In Präsenzseminaren kann jeder auf ein separates Blatt Papier schreiben, während in Online-Sitzungen auf ein Gruppendokument (wie Google Docs) geschrieben werden kann. Doch selbst in Online-Sitzungen ist es manchmal hilfreich, zunächst auf ein eigenes Blatt Papier zu schreiben und erst danach die Worte auf das gemeinsame Dokument auf dem Computerbildschirm zu übertragen. Der physische Schreibvorgang an sich besitzt eine kontemplative Kraft; das behutsame Schreiben der Buchstaben auf Papier hält den Geist fokussiert und ruhig und löst weitere Einsichten aus.

Anders als das normale Schreiben wird der Vorgang des Zum-Ausdruck-Bringens durchgeführt, während die Teilnehmer sich noch im zuvor in der Sitzung erlangten kontemplativen geistigen Zustand befinden. Um diesen kontemplativen Zustand beizubehalten, sollte das Schreiben in einem sorgfältigen und poetischen Stil ausgeführt werden. Auf diese Weise kann dieses einen tiefen persönlichen Ausdruck enthalten, der jenseits der üblichen analytischen Denkmuster liegt. Von dieser Betrachtung ähnelt der Vorgang des *Voicing* dem des *Precious Speaking*, auch wenn sich beide in einigen wichtigen Aspekten unterscheiden: Beim Vorgang des *Precious Speaking* wird auf einen durch den Text vorgegebenen

Gedanken reagiert, während beim *Voicing* wir selbst der Ideen Ursprung sind und somit frei den eigenen philosophischen Einsichten Gestalt geben können. Des Weiteren, da beim *Voicing* mehrere Sätze geschrieben werden können – im Unterschied zu vorzugsweise nur einem Satz beim *Precious Speaking* – lassen sich die eigenen Einsichten vollständiger und kreativer entwickeln.

Somit kann das *Voicing* als höchste Stufe kontemplativer Betätigung angesehen werden: Nach dem Studium eines Textes und des Vertiefens in sein Ideennetzwerk, nach dessen kontemplativen Betrachtens und durch das in Resonanz treten mit diesem, im Kreise mit den anderen Teilnehmern, sind wir jetzt selbst Philosophen der Tiefe, die auf kreative Art unserer eigenen Vision Ausdruck verleihen.

**14. Gruppengedicht**

Auch diese Übung wird gegen Ende der Sitzung durchgeführt, nachdem die Gruppe den gesamten Text erarbeitet und ihn kontemplativ betrachtet hat. Er ähnelt der Übung des *Voicing,* mit dem Unterschied, dass hier die Teilnehmer einen Text gemeinsam schreiben. Dafür schreibt jeder Mitwirkende ein paar Zeilen in poetischer Form auf, die dann mit denen der anderen Teilnehmer zusammengefügt werden zu einem homogenen Gruppengedicht, welches den Geist des Miteinanders ausdrückt.

Zu Beginn der Übung, kann der Moderator die Teilnehmer bitten, ihre Augen zu schließen und sich den Text als Ganzes zu vergegenwärtigen, oder aber den Text erneut in Ruhe und stillschweigend zu lesen. Dabei sollen die Teilnehmer auf Intuitionen Acht geben, die sich in ihrem Geiste entwickeln könnten. Nach dieser kurzen Reflektion bittet der Moderator jeden, seine Eingebungen in zwei Zeilen in dichterischer Form auszudrücken, als schriebe er ein Gedicht.

Stillschweigend widmen sich die Teilnehmer mehrere Minuten lang dem Schreiben. Der kontemplative geistige

Zustand verstärkt sich durch die poetische Natur des Schreibens, da dichterisches Denken den Geist auf das Zuhören von Worten und Erfassen von Bildern fokussiert.

Nach gut fünf Minuten, wenn alle mit dem Schreiben fertig sind, sammeln die Teilnehmer die niedergeschriebenen poetischen Verse ein, bringen sie in eine Abfolge und formen so ein Gruppengedicht. In einer Online-Sitzung kann dies auf einem gemeinsam zugänglichen Dokument wie Google Docs erfolgen. In einer Präsenzsitzung schreiben die Teilnehmer ihre Verse auf Karten, die dann im Kreis auf den Boden oder auf einem Tisch mittig ausgelegt werden.

Zum Schluss wird das Gruppengedicht mehrmals laut vorgelesen und die Teilnehmer dürfen leichte Anpassungen von Worten vorschlagen, um den Text zusammenhängender und fließender zu gestalten.

**15. Philosophisches Zeichnen**

Auch bei dieser Übung treten die Teilnehmer mit dem Text als Ganzes in Resonanz, jedoch nicht durch Schreiben, sondern durch Zeichnen auf einem Blatt. Dies gibt ihnen die Möglichkeit, Eingebungen auszudrücken, die nicht einfach in Worten zu formulieren sind.

Zu Beginn der Übung, bittet der Moderator die Teilnehmer, in Ruhe den Text als Ganzes reflektiv zu betrachten. Danach bittet er sie ihre Auseinandersetzung mit dem Text zeichnerisch auszudrücken. Um konzeptionelles Denken zu vermeiden, sollte die Zeichnung vorzugsweise abstrakt gehalten sein, ohne erkennbare Objekte (ein Herz beispielsweise oder eine Sonne) und ohne Text.

Wenn die Teilnehmer fertig sind, legen sie ihre Zeichnungen auf einen Tisch in ihrer Mitte oder auf im Raum verteilte Stühle wie bei einer Kunstausstellung. Sie gehen nun im Raum herum und betrachten die Zeichnungen. Um einen interaktiven Vorgang zu ermöglichen, legt der Moderator ein leeres Blatt Papier neben jede Zeichnung und bittet die

Teilnehmer, zu jedem Bild einen Titel zu schreiben. Dies dient der Reaktion auf Aussagen, die in der Zeichnung verborgen enthalten sein könnten und die sogar ihr Gestalter nicht bemerkt haben könnte. Anschließend setzen sich alle wieder hin, zeigen einander ihre Zeichnung, lesen die von der Gruppe erhaltenen Vorschläge an Titeln vor und erläutern ihre eigene, ursprüngliche Absicht.

Diese Übung ist für Präsenzmeetings gedacht und ist schwierig in Online-Sitzungen umzusetzen.

**16. Was ich für mich mitnehme**

Es ist sinnvoll, vor Beendigung des Zusammentreffens einen Augenblick auf die Sitzung als Ganzes zurückzublicken und sich mit den Anderen darüber auszutauschen, was wir von dieser aufgenommen haben. Dies ist die Funktion des einfachen Ablaufs von „Was ich für mich mitnehme".

Der Moderator stellt eine zusammenfassende Frage wie etwa „Was nehmen Sie für sich aus der Sitzung mit?" und die Teilnehmer antworten kurz und in freier Reihenfolge; hier teilen sie Gedanken, Einsichten und Erfahrungen mit, von denen sie sich am meisten angesprochen gefühlt haben.

*Kapitel 12*

# NACH DER SITZUNG

Die Sitzung einer philosophischen Kontemplation dauert nur ungefähr neunzig Minuten. Was bleibt uns nach ihrem Ende?

**Rückbesinnungen (*Recollections*)**
Während der kontemplativen Sitzung erleben wir ein besonderes Gefühl von Präsenz, Kostbarkeit und Wirklichkeit und hoffen, dass sich dieses nach der Sitzung nicht völlig auflöst. Das Erlebnis an sich wird wahrscheinlich nicht lange andauern, sicher nicht mit der gleichen Intensität, aber ausschlaggebend ist nicht die angenehme Empfindung selbst. Wir möchten das Bewusstsein der tieferen Dimension unseres Seins beibehalten.

Daher führen wir in der Woche „*Rückbesinnungen*" durch. Das englische Wort „*Recollection*" kann auf verschiedene Weise aufgefasst werden. Wörtlich bedeutet es „sich zu erinnern", aber der reflexive Ausdruck „sich rückbesinnen" (*recollect yourself*) bedeutet, sich seiner selbst und der Welt drumherum bewusst zu werden. Schließlich kann es nach unkonventioneller Lesart auch als „*sich erneut sammeln*" verstanden werden. Fasst man diese verschiedenen Bedeutungen zusammen, lässt sich sagen, dass wir mit Hilfe der *Recollections* ein paar Minuten unser geschäftiges Treiben in der Welt anhalten, unser uneinheitliches Ich sammeln, es bündeln und uns schließlich hierdurch unserer inneren Tiefe erinnern.

Die *Recollection* ist eine kurze Übung – gewöhnlich zwischen fünf Minuten und einer Stunde – die mehrmals die Woche im Sinne von *Deep Philosophy* individuell durchgeführt werden kann. Ziel der Übung ist es, uns wieder mit unserer inneren Tiefe in Verbindung zu bringen, durch die Erinnerung unser Sehnen nach dieser Tiefe aufzufrischen und unser Bekenntnis, dies voranzutreiben. Die Übung der *Recollection* wirkt unserer menschlichen Neigung entgegen, uns in unserer täglichen Geschäftigkeit und dem ständig auf uns einstürmenden Wortschwall zu verlieren. Sie widersetzt sich dem Hang zu vergessen, was für uns wertvoll und in uns wertvoll ist.

Die Mindestform von *Recollection* ist, für ein paar Minuten unsere täglichen Aktivitäten zu unterbrechen und zu unserer inneren Stille zurückzukehren. Wenn wir uns darauf beschränken, befinden wir uns noch auf der Stufe der „Basic Recollection", die noch nichts Philosophisches enthält. Denn Philosophie bedeutet, über fundamentales Gedankengut nachzudenken.

Damit eine „*Recollection*" also philosophisch wird, muss sie einen Inhalt haben, der philosophisch ist – meistens in Form eines kurzen philosophischen Textes.

Eine philosophische „*Recollection*" kann in der Länge variieren. Bei einer kurzen philosophischen „*Recollection*" können wir einfach einen ausgewählten Satz aus einem philosophischen Text zitieren, den wir kurz zuvor gelesen haben und der uns fasziniert oder berührt hat. Bei einer längeren „*Recollection*" können wir einen oder zwei Absätze in Ruhe lesen oder schreiben. Bei einer noch längeren „*Recollection*" können wir eine oder mehr Seiten eines philosophischen Textes kontemplativ betrachten.

Nach der „*Recollection*" ist es sinnvoll, ein paar Augenblicke darüber zu reflektieren, was geschehen ist und in Worte zu fassen, was uns diese Übung geschenkt hat – eine Einsicht, einen wichtigen Satz, ein Erlebnis, ein Bild. Es ist auch sinnvoll, regelmäßig jemand anderen die eigene „Recollection" lesen zu lassen, um eine andere Perspektive darüber zu erhalten. Zum Beispiel können wir unsere wöchentliche Rückbesinnung einem Freund übergeben, der so unser regelmäßiger „Leser" wird und auf uns auch schriftlich reagieren kann.

*Recollection* 1: **Sanftes Lesen**
Ich sitze in meinem Büro, beende die erste Aufgabe dieses Vormittags, dann erledige ich einen dringenden Telefonanruf und schreibe eine kurze Notiz.

Nun pausiere ich. Ich möchte nicht gleich zur nächsten Aufgabe springen. Ich muss innehalten und die Stille und die Tiefe spüren und sei es nur für wenige Minuten. Wenn ich von Projekt zu Projekt eile, von einem Gespräch zum nächsten, von einer Aufgabe zur anderen, spüre ich wie weit weg das Leben von mir ist, kaum echt; es verläuft wie ein Film im Schnelldurchlauf. Jetzt will ich in mir selbst präsent sein, wenn auch nur für eine Weile und die Wirklichkeit meines Seins wahrnehmen und meine Begrenzungen erweitern.

Ich setze mich auf einen Stuhl am Fenster, einen philosophischen Essay von Emerson in den Händen haltend: *„Die Über-Seele"*. Ich kenne diesen Text sehr gut, deshalb öffne ich ihn willkürlich und wähle einen beliebigen Absatz aus.

Ich schließe für ein paar Augenblicke die Augen wie ein kleines Ritual beim Betreten eines geweihten Raumes. Ein, zwei Minuten lang folge ich meinem Atem, wie er allmählich langsamer und ruhiger wird.

Jetzt öffne ich die Augen und lasse sie auf dem Absatz verweilen, den ich ausgewählt habe. Behutsam und sehr langsam lasse ich sie über die Zeilen gleiten und genieße jedes Wort. Mein automatisch agierender Verstand mag diese Langsamkeit nicht – er will vorwärtsrennen; er ist leicht gelangweilt, wenn er nicht seine üblichen Anreize erhält. Ich kämpfe nicht gegen ihn an, aber ich ignoriere sein Verlangen und behalte sanft meine Konzentration auf Worte und Bilder. Ich höre dem Fluss der Gedanken zu, ohne ihnen meine Deutungen vorzuschreiben. Ich bin nun ein stiller Zeuge, ein Behältnis von Ideen, und es steht mir nicht an, Aussagen abzugeben. Bis jetzt sind meine cleveren Meinungen fast vollständig verebbt und ich lasse den Text in mir sprechen, so wie er durch meinen Geist hindurchfließt.

Die Worte strömen weiter mit einer besonders wertvollen Sinnhaftigkeit. Emersons Mitteilungen sind keine bloßen Aussagen mehr, sondern wundersame Bedeutungsinhalte von andernorts: von der Über-Seele, aus dem Universum, aus der verborgenen Quelle.

Bin ich mit dem Absatz zu Ende, gehe ich zurück an den Anfang und lese ihn wieder und dann noch einmal.

Mich erfüllt nun die Stille. Eine große Einsicht wächst in mir, stark und dennoch diffus, fast unaussprechlich, und ich genieße sie im Stillen für einen Moment, bis sie verblasst. Dann sammle ich mich, fange meine Gedanken ein und prüfe aufmerksam meine Einsicht. Ich formuliere ein paar Sätze zur Erinnerung an diese Einsicht und trage sie in mein Tagebuch, bevor ich aufstehe und zur Arbeit zurückkehre.

### *Recollection* 2: **Philosophische Notiz**

Ich weiß, dass heute ein arbeitsreicher Tag wird, weshalb ich vor dem Weg zur Arbeit ein paar Minuten dem Lesen einer neuen Seite aus dem philosophischen Buch auf meinem Schreibtisch widme: Karl Jaspers' *Weg zur Weisheit*. Ich habe nicht die Zeit und Seelenruhe, um wirklich kontemplativ zu lesen, aber ich versuche, einige Absätze so bewusst aufnahmebereit zu lesen wie mir möglich ist. Ich genieße die Worte und höre ihnen sorgfältig zu.

Dann fällt mir dieser Satz auf: „Philosophie ist die Entscheidung, unsere ursprüngliche Quelle zu erwecken, den Weg zurück zu uns selbst zu finden und uns durch inneres Handeln zu helfen." Ich unterbreche und überlege: Was bedeutet „ursprüngliche Quelle"? Und was ist der Weg zurück zu mir? Ich verstehe den Satz dennoch nicht ganz, aber er scheint mir etwas sagen zu wollen. Ja, das wird mein Satz für den heutigen Tag sein.

Ich nehme mir eine Karteikarte vom Stapel auf meinem Schreibtisch und schreibe mit Bedacht einen Satz ab. Meine Handschrift ist eigentlich lässig und unsauber, aber jetzt strenge ich mich besonders an und schreibe so schön ich kann.

Es ist schon spät. Ich falte die Karte schnell zusammen, stecke sie in meine Hemdtasche und beeile mich, aus dem Haus zu kommen. Im Bus befreie ich meinen Kopf vom Geräuschpegel um mich herum, nehme die Karte aus meiner Tasche und lese mehrmals langsam den Satz. Im Büro angekommen vergesse ich Jaspers erstmal, und nur gegen Mittag erinnere ich mich wieder an ihn. Während der Mittagspause werfe ich erneut einen schnellen Blick auf meinen Satz und flüstere ihn ein paar Mal.

Erneut stürze ich mich in meine Arbeit und für längere Zeit ist mein Kopf voller drängender Themen. Aber zwei Stunden später, als ich den Flur entlangeile, tauchen ein paar Worte von Jaspers in meinem Kopf auf: „Die Philosophie ist die Entscheidung, meine ursprüngliche Quelle zu erwecken."

Und sofort folgt eine Blase dieser Einsicht: „Meine ursprüngliche Quelle ist das Erdreich, auf dem ich wachse."

Die Einsicht fühlt sich tiefgründig und bedeutend an und für einen Moment denke ich darüber nach, aber ich verstehe sie noch nicht ganz. Sie erscheint banal, trotzdem ist sie tiefer, als mein Kopf es zu begreifen vermag. Ich schreibe sie auf einen Zettel, um sie nicht zu vergessen. Heute Abend, wenn ich wieder zu Hause bin, werde ich darüber nachdenken – vielleicht werde ich sie sogar kontemplativ betrachten – und sie zu einem kurzen philosophischen Gedicht verarbeiten.

***Recollection* 3: Kalligrafische Kontemplation**

Nachdem ich heute Nachmittag endlich Zeit für mich habe, beschließe ich ein wenig kontemplativ in mich zu gehen. Ich war drei oder vier Tage lang nicht mit mir Selbst, habe endlose Gespräche mit Mitarbeitern, Nachbarn und Freunden geführt. Ich muss mich jetzt in die Stille begeben – nicht, weil ich nicht sprechen will, sondern weil ich in ein stilles Meer des inneren Zuhörens eintauchen möchte. Ich will mich wieder finden und mich rückbesinnen.

Ich hole ein kleines Buch hervor, das mich interessiert, ein philosophisch spirituelles Buch eines meiner Lieblingsphilosophen. Ich setze mich in meinen Sessel und beginne zu lesen. Bald jedoch wird mir klar, dass mich die Worte nicht in die Tiefe führen. Mein Geist ist noch immer vom lebhaften Vormittag abgelenkt und ich lese die Worte mechanisch, ohne ihre tiefe Bedeutung zu erfassen, ohne dem Klang der Silben, den Bildern, der Abfolge der Gedanken nah zu kommen. Nein, ich brauche eine kontemplative Übung, um die Worte anzuhalten und ihnen volle Präsenz zu ermöglichen, damit ich sie innerlich in meiner Tiefe aufnehmen kann.

Ich blicke wieder auf die Seite und wähle einen kurzen Absatz aus, der mich als bedeutend überzeugt. Dann nehme ich meinen Kalligrafie Stift und fange an, mit Sorgfalt die Sätze in kalligrafischer Schrift auf ein schönes Blatt Papier zu übertragen. Ich bin kein professioneller Kalligraf und meine kalligrafische Schrift ist alles andere als schön, aber wenn ich langsam und präzise die Buchstaben forme und dabei auf jeden Strich, auf jede Linie und Kurve achte, werde ich von einer tiefen, eindringlichen Stille umschlossen. Die Bewegungen meiner Finger, die harmonischen Bewegungen meines Schreibstiftes, die Linien auf dem Papier, alles ist ungemein präsent, zusammen mit den erstaunlichen Bedeutungen, die von dem Text ausgehen. Nicht ich bin es, der diese Bedeutungen festhält, sondern es ist etwas Tieferes, das durch mich spricht.

*Recollection* 4: **Inneres Gespräch mit einem Text**
Gestern bekam ich ein neues Buch der spanischen Denkerin María Zambrano und heute fange ich an, es zu lesen. Die ersten Seiten faszinieren mich, aber irritieren mich auch ein wenig. Der Text ist düster, verschleiert mit Schwaden von Metaphern und Bildern. Dennoch beeindrucken mich viele der Ideen als tiefgründig und ich möchte mich mit der Schriftstellerin über diese unterhalten – ja, mit Zambrano selbst, obwohl sie bereits vor Jahrzehnten verstorben ist.

Ein Gespräch mit einer toten Philosophin, als ob sie lebendig hier zusammen mit mir sitzen würde, könnte wertvoll sein. Die Möglichkeit einer solchen Unterhaltung gibt meinem Gemüt eine besondere Einstellung, die der Offenheit gegenüber der Stimme des Anderen. Meine Gedanken sind nicht mehr länger nur meine eigenen persönlichen Gedanken – sie gehen über mein isoliertes Ich hinaus und bewegen sich zwischen mir und der anderen Person. Warum sollte dies nicht mit Zambrano möglich sein, auch wenn sie tot ist?

Ich suche einen kurzen Abschnitt am Anfang des Buches raus und lese ihn mehrmals in Ruhe, während ich den Gedanken in mir zuhöre, meinen eigenen Assoziationen und Erinnerungen und die inneren Bilder beobachte. Und jetzt, wie bei einem Gespräch zwischen Freunden, formuliere ich eine Frage in meinem Kopf und richte sie schweigend an den Text und durch den Text an seine Verfasserin. Ich konzentriere mich darauf, in mir Zambranos Antwort zu hören; wenn ich sie in Form einer spontanen Blase, eines Gedankens erhalte, denke ich still eine Weile nach, danach reagiere ich darauf mit einer Bemerkung oder einer weiteren Frage.

Anfänglich komme ich mir etwas dumm vor mit einer toten Philosophin zu sprechen, aber ich weiß, dass auf der Ebene der inneren Tiefe die Unterscheidungen zwischen tot und lebendig und zwischen mir und einem Anderen nicht mehr wichtig sind. Tief unten in der Tiefgründigkeit gibt es nur Stimmen menschlicher Wirklichkeit. Und so mache ich weiter.

Eine Zeitlang ist mein Austausch mit Zambrano etwas gezwungen und künstlich, und es ist schwer zu sagen, was aus meinem inneren Zuhören und was aus den zufälligen Fantasien meines Geistes kommt. Doch allmählich gewinnen die Worte in mir an Festigkeit und Aussagekraft und unsere Kommunikation vertieft sich. Meine Gedanken sind nun Teil einer größeren Realität an Stimmen, die hin und wieder eine aufschlussreiche gedankliche Idee hervorrufen.

### Über *Recollections* hinaus

Nach meiner „*Recollection*" kehre ich zu den geschäftigen Tätigkeiten des Tages zurück, aber der kontemplative Geist durchdringt mich noch. Bruchstücke meiner vergangenen „*Recollection*" tauchen ab und zu in meinem Kopf auf und stärken mein Bewusstsein, dass mein kontemplatives Denken nicht vollständig vergangen ist. In bin wieder in meinem lebhaften Ich, dennoch hat mein Dasein eine zusätzliche Realität erhalten. Ich bin nicht mehr ganz Derselbe wie zuvor.

Gleichwohl habe ich mich auch nicht völlig verändert. Meine alten psychologischen Muster sind nach wie vor in mir wirksam. Aber, wie soll ich es beschreiben, die Welt um mich herum ist größer. Ich bin wie ein Reisender, der zu weit entfernten fremden Ländern gereist ist und nun in seine Heimatstadt zurückkehrt, dieselbe Person, die vor Jahren seine Heimat verließ, und dennoch eine andere. Meine Gewohnheiten sind die gleichen wie zuvor, wie auch meine Kompetenzen, meine Schwächen und meine Art des Sprechens – es lässt sich eigentlich kein großer Unterschied zwischen vorher und nachher ausmachen. Dennoch ist meine Welt jetzt größer, weil ich zu einer Wirklichkeit gehöre, deren Begrenzungen viel grösser sind, als ich für möglich hielt. Gelegentlich sind diese gewaltigen Horizonte schwerelos wie eine flüchtige Erinnerung, und bisweilen streicheln sie mich mit ihrer sanften Präsenz oder motivieren mich mit großzügiger Fülle. Oft sind sie so zerbrechlich, dass ihre Anwesenheit fast nicht wahrnehmbar ist; doch selbst dann, ihr Versprechen bleibt in mir und ruft tiefes Sehnen hervor. Auch wenn es nur ein bloßer Wunsch ist, macht uns dieser bis zu einem gewissen Grad zu einer anderen Person.

Ich mache weiter mit meinen philosophischen *Recollections* und einmal pro Woche nehme ich an kontemplativen Sitzungen mit meinen Weggefährten teil. So lässt mich *Deep Philosophy* inmitten einer umfangreicheren Wirklichkeit leben. Selbst wenn ich mich in meinen täglichen Aktivitäten verliere, selbst wenn ich irritiert oder verärgert bin oder verlockt durch unsinnige Zerstreuungen, besitze ich irgendwo in mir das Wissen, dass ich größeren Dimensionen zugehöre. Ich bin nicht nur Psychologie, ich bin Teil der Meere. Man ist nicht derselbe, wenn man ein Teil von etwas so Gewaltigem ist.

Dies lässt sich „Selbsttransformation" nennen, doch nur, wenn man berücksichtigt, dass vieles an mir dasselbe bleibt wie immer und dass keine der Veränderungen ewig ist. Größere Dimensionen werden nie als endgültiger Besitz überlassen, nur als Leihgabe. Man muss sie kontinuierlich pflegen, sonst verwelken sie und versterben.

www.ingramcontent.com/pod-product-compliance
Lightning Source LLC
Chambersburg PA
CBHW070102080526
44586CB00013B/1156